Krk

Der praktische Reiseführer für Ihren Inseltrip

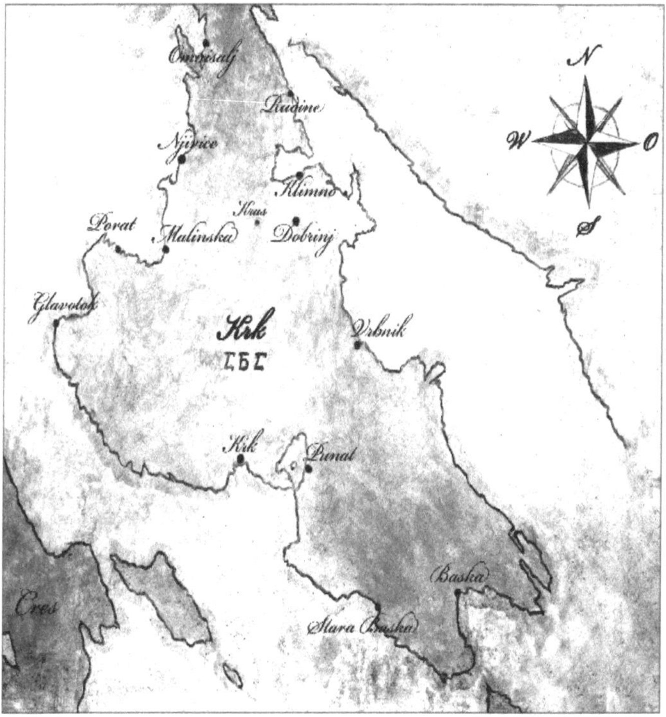

Impressum

Copyright © 2015 by arp

Ausgabe Januar2023

Herausgeber by arp

Ledererstraße 12, 83224, Grassau, Deutschland

Alle Rechte vorbehalten

Das Werk ist urheberrechtlich geschützt und darf auch aus-
zugsweise nur mit Genehmigung des Herausgebers wieder-
gegeben werden.

Covergestaltung by arp

Coverfoto: Küste bei Njivice

Fotos und Text Angeline Bauer

Sie erreichen uns per E-Mail unter info@by-arp.de

**Haben Sie Lust, sich auf einen Fotostreifzug über die In-
sel Krk zu begeben? Dann rufen Sie bitte unsere Webseite auf** http://www.by-arp.de **und klicken dort auf ‚Fo-
toalben'.**

Vorwort

Dieser Reiseführer ist ein praktischer Begleiter für Ihren Inseltrip. Wir beschreiben Land und Leute, informieren Sie über Geschichtliches und die vorhandenen Sehenswürdigkeiten. Erwarten Sie jedoch nichts Spektakuläres. Es handelt sich um Zeugnisse der Vergangenheit, Landschaften, Pflanzen oder Tiere, die den Charme der Insel ausmachen. Dazu kommen wichtige Adressen, Links und Telefonnummern, die Ihnen in der Vorbereitungsphase für Ihre Reise mühevolles Recherchieren ersparen.

Zur besseren Übersicht haben wir den Reiseführer in zwei Bereiche aufgeteilt. Westküste mit Baška im Süden und Mittelkrk mit Ostküste. Wir beginnen mit Omišalj, dem ersten interessanten Ort nach der Brücke und führen Sie von da aus südwärts. Im zweiten Teil beginnen wir auf der Höhe von Malinska und führen Sie Richtung Osten, zuerst südwärts nach Vrbnik, dann nordwärts bis zur Höhle Biserujka. Wir haben uns ganz bewusst dafür entschieden, die Ortschaften in Reihenfolge zu beschreiben und nicht, wie in anderen Verlagen üblich, nach dem ABC. Wer auf einer Insel eine Rundfahrt macht, springt ja nicht von hier nach da, sondern fährt eben weiter zum nächsten Ort.

Sogenannte 'Geheimtipps' finden Sie hier nicht. Diese Insel ist ein 'kleiner Ort'. Alles ist bekannt, unentdeckte oder unerforschte Ecken gibt es nicht. Zudem wäre ein Geheimtipp, der in einem Reiseführer steht, keiner mehr. Auch empfehlen wir weder Hotels noch

Restaurants (letztere nur in Ausnahmefällen), denn wir wären genötigt, all diese Betriebe ständig neu zu beurteilen.

Dass Sie in unserem Reiseführer nur verhältnismäßig wenige Fotos und kein Kartenmaterial vorfinden, hat folgenden Grund: Die Lizenz für Kartenmaterial sowie der Druck von Farbfotos sind sehr teuer. Würden wir Karten und mehr Fotomaterial einbinden, würde sich das ganz enorm auf den Kaufpreis auswirken. Die Reiseführer müssten also sehr teuer werden, und das würden Sie nicht bezahlen wollen. Große Verlage können viel Fotomaterial einfügen, weil sie hohe Auflagen erzielen. Mit einer Insel wie Krk lassen sich aber keine hohen Auflagen erzielen, also beschäftigen sich große Verlage gar nicht erst mit diesem Reiseziel. Auch uns bleiben vom Verkaufspreis nur Centbeträge, sodass sich genaugenommen die ganze Arbeit nicht lohnt. Umso mehr haben wir diesen Reiseführer mit Herzblut geschrieben und uns bemüht, unseren Lesern die Insel näherzubringen und die nötigen Informationen für einen schönen und interessanten Urlaub an die Hand zu geben.

Auch bei E-Books sind Fotos ein Problem, da sich ein Buch mit ausgedehntem Fotomaterial auf ein Smartphone nur sehr langsam hochladen lässt. Damit Sie sich trotzdem Fotos ansehen können, haben wir jedoch ein 'Fotoalbum' ins Internet gestellt. Den Link finden Sie weiter oben. Und Kartenmaterial erhalten Sie in jeder Touristeninfo, oft sogar kostenlos!

Da sich Gegebenheiten von einem Tag auf den anderen ändern können, freuen wir uns, falls Sie etwas anders vorfinden, als von uns beschrieben, über Ihre Rückmeldung.

Tipp: Lesen Sie die informativen Artikel am Ende dieses Reiseführers bereits vor Abreise, damit Sie sich auf die örtlichen Gegebenheiten einstellen können und vor unangenehmen Überraschungen sicher sind. Da sich Preise und Öffnungszeiten von touristischen Einrichtungen jederzeit ändern können, geben wir Links oder Telefonnummern an, damit Sie sich selbst erkundigen können.

Inhaltsverzeichnis:

Wissenswertes über Krk

Der Name der Insel ist viel einfacher auszusprechen, als es scheint, denn vor dem R, das gerollt wird, fügt man ein kurzes I ein. Versuchen Sie es einmal so: Stellen Sie sich vor, Sie spielen mit einem Baby und machen „brrrrr", dabei lassen Sie die Zunge vorne am Gaumen vibrieren. Nun versuchen Sie es mit Ki-rrr-K. Vor allem Franken dürften damit kein großes Problem haben.

Die Insel Kirk liegt südöstlich von Rijeka in der Kvarner-Bucht und ist zusammen mit der gleichgroßen Nachbarinsel Cres die größte Insel Kroatiens und die zweitgrößte in der Adria. Sie hat 405,78 Quadratkilometer und eine Länge von 38 Kilometern, die Küstenlänge beträgt 189,3 Kilometer, der höchste Gipfel (Obzova) ist 569 Meter hoch.

Befindet man sich an der nördlichen Westküste, sieht man auf Rijeka, Opatija und die Nordostküste von Istrien. Ab Malinska blickt man auf Cres bzw. die kleine vorgelagerte Insel Otok Plavnik. Von der Ostküste aus sieht man das Kvarner Festland.

Die Insel ist geprägt von Höhlen und Grotten, engen Tälern und Dolinen. Ihre Küsten sind felsig - die Westküste läuft flach aus, die Ostküste ist tiefer. Neben den künstlich geschaffenen Betonstränden gibt es viele Buchten mit Kiesstränden, doch man findet auch vereinzelte Sandstrände. Die größten Buchten sind ‚Soline‘, in der es Heilschlamm (Fango) gibt, und ‚Puntarska draga‘. Umlagert wird Krk von etwa zwanzig kleinen Inseln, Felsenriffen und aus dem Meer ragenden Klippen.

Es gibt zwei Seen auf Krk (Jezero und Ponikva), sowie drei Flüsse (Veli oder Dobrinjski potok, Vretenica und Vela Rika).

Mit knapp achtzehntausend Einwohnern, die in achtundsechzig Ortschaften leben, ist Krk die meistbesiedelte Insel Kroatiens. Die Einwohner sind traditionell katholisch. Einnahmequellen der Bevölkerung sind die Fischerei, die Schifffahrt, der Schiffsbau, die Landwirtschaft (Oliven, Wein, Feigen und Viehzucht) und seit dem 19. Jahrhundert auch der Tourismus. Die erste Ansichtskarte erschien in Stadt Krk bereits im Jahr 1866. Vor allem Deutsche und Österreicher, aber auch Touristen aus Italien oder dem ehemaligen Ostblock verbringen ihren Urlaub gerne auf dieser Insel.

Im mittleren und westlichen Teil der Insel findet man hauptsächlich Wälder, Obst- und Gemüseanbau, Weingärten und Olivenhaine. Im nördlichen und südlichen

Teil dominiert die Viehzucht. Auf den kargen Weideflächen werden meist Schafe und nur selten Rinder gehalten.

In der Gemeinde Vrbnik wird traditionell die Weißweinsorte Žlahtina angebaut, in anderen Teilen der Insel werden vermehrt Olivenbäume kultiviert. Davon abgesehen bietet Krk relativ wenige Möglichkeiten zur Landwirtschaft, weshalb die Einwohner das Karstland schon seit Jahrhunderten zur Zucht von Schafen nutzen, um Wolle, Fleisch und Käse zu erwirtschaften.

In unserem Kulturkreis ist die Zahl 7 eine Glückszahl, denn sie ist die Summe von drei (steht für Geist und Seele) und vier (steht für Körper). Sieben ist also eine Ganzheitszahl, und das spiegelt sich auch auf Krk wieder. Es gibt sieben historische Kastelle und sieben Verwaltungseinheiten - Stadt Krk, Omišalj, Malinska, Punat, Baška, Vrbnik und Dobrinj. Es werden auf der Insel sieben Bräuche gepflegt, sieben Tänze getanzt und sieben Nationaltrachten getragen, und es werden sieben Variationen des tschakawischen Dialekts der kroatischen Sprache gesprochen.

Wenn man über die Insel fährt und die Grundstücke neben den Straßen betrachtet, gewinnt das Wort ‚Steinreich' plötzlich seine urtümliche Bedeutung: Hätten ihre Besitzer so viel Geld wie Steine, könnten sie ein

Leben in Saus und Braus führen. Trotzdem bietet die Insel eine reichhaltige Fauna und Flora. Etwa 1300 verschiedene Pflanzenarten existieren auf Krk, darunter charakteristische Baumarten wie Stein- und Flaumeiche, die Europäische Hopfenbuche oder die Orientalische Hainbuche.

Auch Vogelliebhaber finden auf Krk ein wahres Paradies vor. Mehr als 220 Vogelarten wurden bislang nachgewiesen – vor allem aber sieht man immer wieder den Eichelhäher mit seinem schönen, blau-braun-schwarzen Gefieder. Er zählt zu den Rabenvögeln, was er durch lautes Krächzen kundtut, und lebt gerne in Eichenwäldern, von denen es auf Krk genügend gibt. Darüber hinaus dient die Insel zahlreichen mittel- und nordeuropäischen Vögeln als Rastplatz, und einige Arten überwintern sogar auf der Insel. An der Steilküste zwischen Glavina und Mala Luka (südlich von Vrbnik) nisten Gänsegeier (Gyps

fulvus Habl.), der dortige Küstenstreifen wurden deshalb bereits 1969 zum ornithologischen Schutzgebiet erklärt.

Die Anzahl von Schmetterlingen ist ebenso beeindruckend. Ein Lepidopterologe (Schmetterlingskundler) konnte innerhalb von nur vier Jahren 852 Schmetterlingsarten registrieren. Auch Amphibien und Reptilien gibt es auf Krk mehr als auf Cres oder Sizilien, nämlich 34 verschiedene Arten, darunter zwölf Schlangenarten. Einzige Giftschlange ist die Europäische Hornotter, zu erkennen an ihrem schönen Zackenmuster und dem Horn auf der Nase. Weitaus häufiger sind die nicht giftigen Balkan-Zornnatter, die gelbgrüne Zornnatter sowie die Äskulapnatter.

Dagegen ist die Anzahl der Säugetierarten, die auf der Insel vorkommen, relativ gering, und die meisten von ihnen wurden von Menschen eingeführt. Es kommt aber auch hin und wieder vor, dass Braunbären vom Festland über den Velebit-Kanal schwimmend auf die Insel gelangen.

Für Menschen gibt es dreierlei Möglichkeiten, Krk zu erreichen. Per Fähre von den Nachbarinseln Cres oder Rab aus, mit dem Flugzeug, denn der internationale Flughafen von Rijeka (Zračna luka Rijeka) liegt auf der Insel, oder über eine imposante Stahlbetonbrücke vom Festland aus. Sie besteht aus zwei Bögen, wovon der erste über den Tihi-Kanal auf die kleine unbewohnte Insel Sv. Marco reicht, der zweite, etwas kürzere, von dort über den Burni-Kanal bis auf Krk. Insgesamt hat sie eine Länge von 1,3 Kilometern und eine Höhe von 67 Metern. Als die Brücke1980 erbaut wurde, hieß sie noch ‚Tito-Most' und war die weltweit größte ihrer Bauart. Erst siebzehn Jahre später wurde sie von der Wanxian Bridge in Chicago übertroffen.

Die Brücke ist mautpflichtig. Man bezahlt jedoch nur, wenn man auf die Insel fährt, der Preis für die Rückfahrt ist bereits inbegriffen.

Die Bora (kroatisch Bura) ist ein trockener, kalter und böiger Fallwind, der zwischen Triest, der kroatischen und der montenegrinischen Adriaküste vorkommt. Auch über Krk fegt er beizeiten hinweg. Winde vom Bora-Typ gehören zu den stärksten der Welt, Spitzengeschwindigkeiten einzelner Böen erreichen Werte von bis zu 250 km/h. Es versteht sich von selbst, dass dann die Brücke zwischen Krk und dem Festland gesperrt wird. In diesem Fall steht die Ampel an der Brücke auf Rot. Auf Grün zu warten wäre sinnlos. Man kehrt um (Wendekreis ist vorhanden) und wartet auf der Insel, bis alles vorbei ist. Das kann in wärmeren Jahreszeiten bis zu drei Tage, im Winter auch einmal zwei Wochen dauern. Manchmal wird die Brücke auch nur für LKW und Campingfahrzeuge gesperrt.

Geschichte

Seit mehr als 10 000 Jahren leben Menschen auf Krk. Davon legen Höhlen aus dem Neolithikum bei Vrbnik und in der Bascanska Draga Zeugnis ab. Auch archäologische Überreste aus der Bronze- und Eisenzeit wurden gefunden. Um 1000 vor Chr. besiedelten Japoden und Liburnier, zwei illyrische Stämme, die Insel und nannten sie Kurik, was so viel bedeutet wie ‚die Steinerne'. Einige Wälle, Grabhügel und Überreste von Trockenmauerwerk aus dieser Epoche sind noch vorhanden.

Die Römer folgten. Sie gaben der Insel den Namen Curicta, nannten sie wegen ihres natürlichen Reichtums aber auch ‚insula aurea' - goldene Insel. Diesen Beinamen trägt Krk bis heute.

Auch diese Zeit hinterließ ihre Spuren. Reste einer Siedlung mit dem Namen Curicum lassen sich unter anderem im Bereich der heutigen Inselhauptstadt Krk nachweisen. Das legendäre Seegefecht zwischen Truppen von Caesar und Pompeius während des römischen Bürgerkrieges fand in der Bucht von Curicta statt.

Ab dem 6. Jahrhundert siedelten sich im Zuge der slawischen Völkerwanderung erste Kroaten auf Krk an, die illyrisch-romanischen Einwohner zogen sich nach und nach zurück oder vermischten sich mit ihnen. Die ältesten kroatischen Siedlungen befanden sich in der Nähe von Dobrinj, Vrbnik und Baška, also an der Ost- und Südküste.

In der Folgezeit kam es zu einem ständigen Machtwechsel. Ab 812 gehörte Krk zum Byzantinischen Reich. Kaum hundert Jahre später zählte die Insel unter den Königen Tomislav (910-928), Kresimir (1058-1074) und Zvonimir (1076-1089) zum kroatischen Königreich.

Ab etwa 1000 nach Christi entwickelte sich Krk zu einem wichtigen Zentrum kroatischer Kultur. Eines der bedeutendsten Schriftzeugnisse der glagolitischen (altslawischen) Sprache ist eine beschriftete Steinplatte aus dem Jahr 1100. Sie wurde in einer romanischen Kirche in der Nähe von Baška gefunden, die der Heiligen Lucija geweiht ist. Beschrieben wird auf ihr die Souveränität des kroatischen Königs Zvonimir I. als Stifter dieser Kirche.

Später, als die Insel zur Republik Venedig gehörte, war Stadt Krk eine Hochburg des Dalmatischen. Diese ausgestorbene romanische Sprache wurde entlang der Ostküste der Adria vor allem in der historischen dalmatinischen Region gesprochen.

Dass Krk auch Bischofssitz war, davon zeugen die dreischiffige Marienbasilika, die Quirinus-Kirche und der bischöfliche Palast in Stadt Krk.

Ab dem 12. Jahrhundert, bis ins 17. Jahrhundert hinein leitete die Grafenfamilie Frankopan unter verschiedener Vorherrschaft die Geschicke der Insel. 1288 verfassten sie ein Gesetzbuch von Krk, 100 Jahre später entstand das Statut von Vrbnik' – ein völkerrechtlicher Vertrag, in dem der Gemeinde u.a. die Stadtrechte verliehen worden sind. Es wurde auf 36 Seiten Pergamentpapier in glagolitischer Schrift verfasst und in Leder gebunden und ist eines der ältesten Dokumente Kroatiens.

Die Fürsten Frankopan von Krk stiegen zu einem mächtigen europäischen Herrschergeschlecht auf. Sie waren beliebt, denn sie galten als gerecht, brachten Reichtum auf die Insel und förderten die Kultur. Der erste bekannte Frankopan war Dujam I. (1118), der letzte männliche Spross des Hauses der Dichter Fran Krsto. Als er sich gegen den Habsburger Kaiser Leopold erhob, wurde er 1671 in Wiener Neustadt hingerichtet. Damit starb das Geschlecht aus.

1480 fiel Krk an Venedig. Es mussten hohe Steuern in Form von Gold und Galeerensklaven an die Dogen abgeben werden, wodurch die einst reiche Insel zusehends verarmte. Nach kurzer österreichischer Herrschaft, gewann 1805 Napoleon Bonaparte die Insel. So gehörte Krk von 1806 bis 1813 zu Frankreich, dann kurzeitig wieder zu Österreich und ab 1813 zu ‚Serbokroatisch Jugoslavija‘, das bis 1941 Monarchie und von 1945 bis 1992 ein sozialistischer und föderaler Staat war. Heute ist Kroatien Republik und seit dem 1. Juli 2013 Mitglied der Europäischen Union.

Blick vom Frankopan Kastell in Stadt Krk aufs Meer

Die Westküste und Baška im Süden

Omišalj

Fährt man mit dem Auto nach Krk, ist Omišalj der erste größere Ort nach der Brücke. Hier befinden sich auch der internationale Flughafen von Rijeka und eine Ölraffinerie.

Der sehr gepflegte historische Altstadtkern mit seinen verwinkelten Gassen liegt auf einem bewaldeten Felsen, neunzig Meter über dem Meer. Bereits um die tausend Jahre vor Christi lebten hier Japoden und Liburner. Doch als die Römer die Insel für sich entdeckten, bauten sie in einer Bucht unweit der Siedlung eine neue Stadt, die sie Fulfinum nannten. Für lange Zeit lag danach der Ort auf dem Felsen verlassen da. Doch mit dem Niedergang des Römischen Reiches wurde das Leben am offenen Meer zu unsicher, und man zog wieder hinauf in die alte Festung, die leichter zu verteidigen war. So geschehen im 12. Jahrhundert. Damals wurde die Siedlung ‚Castri musculi‘ (Ort bei den Muscheln) genannt.

Wegen seiner strategisch wichtigen Lage wurde Omišalj unter den Fürsten Frankopan befestigt und auch ein Kastell errichtet. Die Stadt entwickelte sich zu einem wichtigen kulturellen Zentrum, in dem die glagolitische Schrift gepflegt wurde. Hier entstand aus der Hand von ‚Veit aus Omišalj‘ (Vid Omišaljanin) auf 468 Pergament-Blättern ein Gebetbuch, das er im März 1393 aufzuzeichnen begann. Es befindet sich jedoch nicht in Omišalj, sondern in der Nationalbibliothek in Wien.

Die dreischiffige Basilika Mariä Himmelfahrt im historischen Zentrum stammt aus dem 12. Jahrhundert. Seit Beginn des 16. Jahrhunderts wurde sie in mehreren Abschnitten erweitert. Nach und nach wurden fünf Kapellen hinzugefügt, die letzte im 17. Jahrhundert. Ebenfalls im 17. Jahrhundert entstand die Kuppel, und die Kirche erhielt die Sitzbänke im Chor.

Außerdem sind in der Basilika Elemente altkroatischer Dekorationen zu sehen, die aus der Vorgängerkirche (9. bis 10. Jahrhundert) stammen und mit glagolitischen Inschriften versehen sind. Der wertvolle, holzgeschnitzte Hauptaltar stammt aus dem 16. - 17. Jahrhundert. Ein dreiteiliges Tafelbild, das den Evangelisten Johannes zeigt, wurde im 15. Jahrhundert vom venezianischen Meister Jacobello del Fiore geschaffen, der Steinaltar und die Figur der Hl. Teresia sind Werke vom Bildhauer Matković aus dem Jahr 1938. Ebenfalls aus neuerer Zeit sind die Fresken in der Kuppel und an der Decke des Hauptschiffes - sie wurden 1929 von Ivan Volarić aus Vrbnik gemalt - sowie der neue Altar und das Lesepult, die 1973 nach Entwürfen Vinko Fugošić entstanden.

Der Name des Platzes vor der Kirche lautet Smitir, das leitet sich aus dem lateinischen Wort cemeterium = Friedhof ab. Dieser Name sowie die schmiedeeisernen Kreuze an einer Mauer des Platzes verweisen darauf, dass hier einst ein Friedhof lag. Der Glockenturm stammt aus dem 16. bis 17. Jahrhundert.

Am nördlichen Rande des Ortes, im Stadtteil Dubec, liegt die Kapelle Sv. Antun Padovanski aus dem 16. Jahrhundert. Sie ist mit einem imposanten Vordach versehen, das an das Vordach der gotischen Kirche des Hl. Stephan in Dobrinj erinnert. Vom Platz neben der Kapelle aus hat man einen weiten Blick über die Kvarner Bucht und den Dubec Park. Diesen Naturpark, der sich über achtzehntausend Quadratmeter Land von der Stadtmauer bis hin zum Meer erstreckt, kann man auf zahlreichen Pfaden und Treppen erkunden.

Ausgehend vom Jachthafen der Stadt werden das Jahr über zahlreiche Ruder- und Segelregatten abgehalten. In der drei Kilometer langen Bucht von Omišalj gibt es einen öffentlichen Kiesstrand.

Tipp: Immer im Sommer an Mariä Himmelfahrt wird in Omišalj - ein dreitägiges Fest 'zur Ehrung der Früchte der Erde' gefeiert, das Stomorina or Vela Gospoja genannt wird.

Die Touristeninfo von Omišalj finden Sie gleich am Ortsanfang neben der Post.

Fulfinum

Die oben erwähnte Römerstadt Fulfinum liegt unweit von Omišalj in der Sepen-Bucht. Sie wurde in der ersten Hälfte des ersten Jahrhunderts gegründet. Unter anderem vom griechischen Schriftsteller Ptolemäus, der die Stadt in seinen Schriften erwähnte, wissen wir, dass es in Fulfinum einen Hauptplatz mit Tempel (Forum), Badeanlagen mit warmem Wasser, eine Wasserleitung (Aquädukt), Geschäfte und vieles mehr gab.

Die Bewohner Fulfinums waren hauptsächlich altgediente Veteranen, die hier mit ihren Familien ein behagliches Leben führten. Doch einige Jahrhunderte später, als der Zerfall des römischen Reiches begann, wurden die Zeiten unsicher. Kriegerische Auseinandersetzungen und fortwährende Bedrohung vom Meer setzten dem beschaulichen Leben ein Ende. Da die

Lage ihnen mehr Sicherheit bot, siedelten die Einwohner von der Bucht wieder auf den Felsen um.

Durch den Anstieg des Meeresspiegels um ganze zwei Meter, sind die Überreste Fulfinums zum größten Teil im Meer versunken. Der kleinere Teil liegt im Uferbereich unter Erdschichten verborgen. Einzig die Stadtstraße (Fulfine), die von Norden nach Süden verlief, wurde zum Teil wiederhergestellt.

Altchristliche Basilika von Mirine

Westlich von Fulfinum, ebenfalls in der Sepen-Bucht, befindet sich eine der größten im Mittelmeerraum existierenden Ruinen einer altchristlichen Basilika. Sie stammt aus dem 5. Jahrhundert und wurde aus den Steinen des antiken Forums erbaut. Die Anlage mit Kirchenhalle, Querschiff, Confessio, Narthex, Wehrturm und Atrium hat man teilweise rekonstruiert.

Um nach Mirine zu gelangen biegt man vom Flughafen kommend rechts in die zweite Abzweigung nach Omišalj ein. Dann weiter den Wegweisern folgen.

Kurz vor dem Janaf-Gelände gibt es einen Trampelpfad, auf dem man vermutlich schon seit alters her zur Basilika gelangte. Er ist jedoch heute nur noch mit

Mühe zu begehen. Die Stufen sind in Stein gehauen, der Weg ist nicht befestigt und inzwischen fast zugewachsen.

Um zu den Ruinen zu gelangen, fährt man am besten weiter bis zum Meer (vor dem Janaf- Gelände links auf die Teerstraße einbiegen), wo es einen Parkplatz gibt. Von dort aus führt direkt am Meer entlang ein gut begehbarer Betonplattenweg weiter bis zur Basilika.

Tipp: Am Flughafen in Omišalj kann man während der Hauptsaison auch Inselrundflüge buchen, die durchaus erschwinglich sind. Telefon: 00385-991912419

Njivice

bedeutet Äckerchen. Das ehemalige Fischer- und Bauerndorf (neben Fischfang wurden hier hauptsächlich Oliven angebaut) liegt in der Bucht Beli Kamik zwischen Omišalj und Malinska. Der Ort wird zum ersten Mal in einer Schenkungsurkunde des Fürsten Ivan Frankopan aus dem Jahr 1474 erwähnt, doch der Fund eines Pluteus (Altarschranke) lässt darauf schließen, dass Njivice bereits in der Antike besiedelt war. Trotzdem hat der Ort kaum Sehenswürdigkeiten zu bieten, aber mit seinen Wäldern und Kieselstränden ist er landschaftlich sehr reizvoll und vor allem für Menschen geeignet, die Ruhe suchen. Zwischen Felsen gibt es zum Sonnenbaden kleine Betonstrände, weiter nördlich gepflegte Kieselstrände, die flach abfallen und deshalb gut für Familien mit Kindern geeignet sind. Tagsüber kann man am Meer auf einem ausgebauten Weg (1200 Meter) nach Kijac spazieren, abends lässt es sich gut auf der Hafenpromenade bummeln. Tauchkurse und andere Freizeitaktivitäten werden angeboten. Es gibt einen Hundestrand.

Die ‚Figur des Alten Fischers' am Hafen ist ein Werk von Zlatko Cular und stammt aus dem Jahr 1989.

1930 wurden die Villa Dinka und das Hotel Luka gebaut (das heutige Hotel Jadran mit dem bunten Anstrich), in dem der kommunistische Führer Josip Broz Tito zeitweise Zuflucht vor seinen Verfolgern fand.

Am nördlich gelegenen Ufer des Ortes, in der Nähe des Spielplatzes, sieht man eine malerisch anmutende, efeuumrankte Ruine mit einem kleinen Brunnen, die zu einer Bar ‚umfunktioniert' wurde. Es handelt sich um eine Bauruine aus dem vorletzten Jahrhundert. Was auch immer aus diesem Gebäude werden sollte, es wurde nie fertiggestellt.

Ein Blick in die 1905 von Mate Vitezic erbaute ‚Kirche der Geburt der seligen Jungfrau Maria' lohnt sich. In der Sakristei befindet sich ein Altargemälde aus der Vorgängerkirche, das 1586 von Ivan Volarić gemalt wurde. Außerdem wird auf dem Altar zwischen den Säulen ein kleines Teilstück einer frühromanischen Brüstung (Pluteus) ausgestellt, die ursprünglich zu einer Kirche gehörte, die vermutlich aus dem 11. Jahrhundert stammte und nicht mehr existiert. Ihr einstiger Standort ist nicht bekannt, man nimmt jedoch an, dass er in der Nähe der heutigen Kirche war. Ein Pluteus schirmte das Presbyterium vom Raum der Gläubigen ab. Diese Tafel ist mit geflochtenen Ornamenten, Lilien, Tauben und einem Kreuz geschmückt, eine für die Frühromanik typische Dekoration.

So finden Sie hin: Auf der Uferpromenade am Hotel Jadran und dem Hafen vorbei. Der Straße nach links leicht bergauf folgen. Nach zwanzig Metern den kleinen Weg nach rechts einschlagen.

Die Touristeninfo des Ortes ist etwas versteckt. Sie liegt an der Uferpromenade, im selben Haus wie Post und Apotheke. Man geht links die Treppe hinauf.

Von Njivice aus kann man auf einem schönen Promenadenweg nach Malinska spazieren. Dieser sogenannte ‚Paradiesweg‘ ist etwa drei Kilometer lang, man geht eine Dreiviertelstunde. Er beginnt am Hafen bei der Skulptur vom ‚Alten Fischer‘, führt immer am Meer entlang und endet in Malinska ebenfalls am Hafen. Auch mit dem Fahrrad kann man nach Malinska fahren, muss aber etwa die Hälfte der Strecke einen Radweg etwas oberhalb des Meeres nehmen. Für ein Tourenrad ist der Weg schwierig, besser, man hat ein Mountainbike.

Info für Camper: Der Campingplatz von Njivice liegt direkt am Meer in einem Eichenwald. Es gibt 164 Touristenstellplätze zu je einer Fläche von rund 120 Quadratmetern und 300 Stellplätze für Dauercamper. Auf jedem Stellplatz stehen Anschlüsse für Wasser, Abwasser und Strom sowie WLAN zur Verfügung. Die Sanitäranlagen sind nach höchsten Standards und auch rollstuhlgerecht ausgestattet. Auto am Stellplatz und Hunde sind erlaubt, es gibt einen Hundestrand mit Hundedusche, Segel- & Surfmöglichkeiten, Bootsverleih, Slipanlage, Fahrradverleih und eine Tauchstation, Minigolf und Reiten (in 1 km Entfernung). 71 moderne und geräumige Mobilwohnheime sind vorhanden. Insgesamt macht der Campingplatz einen sehr guten Eindruck. Die Bodenbeschaffenheit des Platzes ist zwar überwiegend aus Kies, doch mit Helfer zum Schieben ist der Platz auch für Rollstuhlfahrer gut geeignet.

Malinska

bedeutet Mühle. Der Ort hat etwa tausend Einwohner und liegt am Meer in einer ausgedehnten, bewaldeten Bucht. Eine knapp fünf Kilometer lange gut ausgebaute Hafenpromenade erstreckt sich vom ehemaligen Hotelkomplex Haludovo bis Porat.

Einst wurden vom Hafen von Malinska Olivenöl und Holz verschifft. Seit Ende des 19. Jahrhunderts lebt der Ort aber auch (und heute vor allem) vom Tourismus. Auch der österreichische Thronfolger Rudolph von Habsburg verbrachte 1885 einen Urlaub dort.

Bekannt ist Malinska vor allem für seine zehn öffentlichen Strände. Von flachen Kieselstränden, die für Familien mit Kindern geeignet sind, bis hin zu rauen Felsbuchten, vor allem bei Schnorchlern und Tauchern sehr beliebt, finden Badegäste rund um den Ort alles was das Herz begehrt. Neben den üblichen Sportaktivitäten wie Tennis, Minigolf, Reiten und diversen Wassersportarten gibt es zahlreiche malerische Rad- und Wanderwege, die durch die angrenzenden Wälder oder am Meer entlang nach Njivice oder Porat führen. Der Uferweg von Malinska nach Porat ist viereinhalb Kilometer lang, zu Fuß geht man etwa eine Stunde.

Etwas außerhalb, auf der Spitze eines Hügels, liegt der Aussichtspunkt Fumak. Zum höchsten Punkt, auf dem ein Kreuz aus Eichenholz steht, führt ein schöner Kreuzweg. Oben angelangt kann man die herrliche Aussicht genießen.

Im Wald ‚Cickini‘, unweit von Malinska, findet man die Überreste eines frühen christlichen Kirchenkomplexes, der vermutlich aus der Zeit zwischen dem 5. und 7. Jahrhundert stammt. Es sind nur noch die Mauerreste einiger Gebäude und ein Taufbecken erhalten, doch die Ruinen liegen sehr schön in romantischer Waldkulisse.

Porat

Der kleine Fischerort, der heute zur Gemeinde Malinska gehört, ist sehr alt. Sein Name leitet sich vom italienischen ‚porto‘ ab, was Hafen bedeutet - denn einst war Porat ein wichtiger Hafen zur Ausfuhr von Holz. Heute liegen nur einige Boote und kleinere Schiffe dort. In den Restaurants und Bars rund um den kleinen Hafen sitzt man gemütlicher als im nahegelegenen sehr touristischen Malinska.

Auch eine Sehenswürdigkeit hat Porat zu bieten. Der Kirche der Heiligen Maria Magdalena - sie gehörte einst der Familie Frankopan - ist ein sehr kleines altes Kloster des Glagoliten-Tertiarierordens mit einem kleinen Kirchenmuseum angeschlossen, in dem sakrale Kunst und Gebrauchsgegenstände gezeigt werden. Kirche und Kloster wurden um das Jahr 1480 erbaut. Im Atrium, in dem während der Sommermonate häufig Konzerte mit klassischer Musik stattfinden, werden Kopien der ältesten und bedeutendsten altkroatischen Inschriften gezeigt. Auch eine Ölmühle aus dem 19. Jahrhundert ist zu besichtigen.

So finden Sie hin: Von Malinska kommend am Hafen vorbei (der Hafen liegt rechts), die Steigung hinauf. Nach etwa 150 Metern kommt links ein großer Parkplatz, und noch ein paar Metern weiter hinauf liegt links der Eingang zum Kloster.

Glavotok

bedeutet ‚Kopf der Insel'. Im 14. Jahrhundert lag hier die Sommerresidenz der Fürsten Frankopan. 1473 schenkte Ivan Frankopan das Grundstück Franziskanermönchen. 1507 errichteten sie darauf das Kloster ‚Zur Heiligen Maria' und eine Kirche. Heute werden im Kloster Selbstfindungsseminare abgehalten. Die Kirche birgt einige Schätze, darunter einen wertvollen

Marmoraltar, verschiedene Seitenaltäre und ein Gemälde, das die Jungfrau Maria mit dem Kind und einige Heilige darstellt. In der Bibliothek des Klosters werden wertvolle Handschriften aufbewahrt. Schön ist auch der zugehörige Garten mit seinen vielen Tieren.

Von Glavotok aus führt ein gekennzeichneter Weg zu einer frühromanischen Kirche aus dem Jahr 1100, die dem Heiligen Krševan (kroatische Form des griechischen Namens Chrysogonus) geweiht ist. Sie war einst eine Wallfahrtskirche der Seeleute und Fischer.

In Glavotok gibt es einen Campingplatz mit 150 Touristenstellplätzen und 130 Stellplätzen für Dauercamper. Auf dem Platz steht WLAN zur Verfügung, er ist rollstuhlgerecht ausgestattet, barrierefreier Zugang zum Wasser ist möglich, die Bodenbeschaffenheit ist überwiegend aus Erde. Auto am Stellplatz und Hunde sind erlaubt, Unterkünfte in Mobilheimen sind vorhanden. Ebenso Segel- & Surfmöglichkeit, Bootsverleih, Slipanlage, Fahrradverleih und eine Tauchstation. Der Campingplatz ist im Vergleich sehr teuer.

Fährhafen Valbiska und Pinezići

Der Fährhafen Valbiska, an der südwestlichen Seite der Insel gelegen (ziemlich genau zwischen Malinska und Stadt Krk), verbindet Krk mit den Inseln Cres und Rab. Es existieren dort neben dem Anleger nur eine Pizzeria und eine Tankstelle, und auf einem Schotterweg gelangt man zu einer kleinen Badebucht.

Drei Kilometer nördlich des Fährhafens befindet sich das Fischerdorf Pinezići mit von Pinien bewachsenen Kies- und Betonstränden, die mit der ‚Blauen Flagge‘ ausgezeichnet sind. Es ist touristisch erschlossen, bietet neben Ferienhäusern und –wohnungen auch einen kleinen Campingplatz, der eher für Individualisten und keinesfalls für Rollstuhlfahrer geeignet ist. Hunde sind dort erlaubt.

Am Strand gibt es einen Sonnenschirm- und Liegestuhlverleih, Umkleidekabinen und sanitäre Anlagen, ein Restaurant mit Strandbar, einen Aquapark und eine Kletterwand.

Valbiska und Pinezići sind mit dem Auto gut über die Straßen 102 und104 zu erreichen.

Stadt Krk

ist mit knapp sechstausend Einwohnern die größte Ortschaft der Insel. Die Inselhauptstadt ist Hafen und als Kurort ausgewiesen und touristisch gut erschlossen. Hier findet man neben Restaurants, Cafés, Diskotheken und allen möglichen Freizeitaktivitäten auch Ärzte und einen Zahnarzt, Supermärkte (am Stadtrand), ein Postamt, eine Bank und Geschäfte jeglicher Art.

Auch kulturell hat Krk etwas zu bieten. Zur Römerzeit war das antike Curicum ein Munizipium – eine selbstständige altrömische Stadtgemeinde. Davon zeugen noch Reste der Stadtwälle und römischer Thermalbäder mit Hypokausten (Warmluftheizungen) aus dem 2. - 1. Jahrhundert vor Christi. Zu dieser Zeit nannte sich die Stadt Krk stolz ‚Splendidissima civitas Curictarum' (Strahlendste Stadt der Krker).

Bis zum heutigen Tag ist die Altstadt vollständig mit Mauern umgeben, und man betritt sie durch eines von vier Stadttoren. Die verschiedenen Schichten des Bollwerks kann man am besten vom Meer aus erkennen. Sie entstanden zwischen dem 1. Jahrhundert vor Christi und dem 16. Jahrhundert. Die letzten größeren Baumaßnahmen wurden gegen Ende des 15. Jahrhunderts vorgenommen. Ab dem 4. Jahrhundert war Krk Bischofssitz.

Stadtrundgang

Wenn Sie nach Krk fahren, folgen Sie den Wegweisern zum Hafen und parken Sie Ihr Auto auf einem der vier großen Parkplätze, die es dort rings um den Kreisverkehr gibt. Spazieren Sie zur Hafenpromenade ‚Riva‘ und an den Fischer- und Segelbooten vorbei Richtung Altstadt. Links von Ihnen sind Verkaufsbuden, in denen allerhand Souvenirs angeboten werden, dahinter ein kleiner Park. Schon nahe an der Altstadt sehen Sie in diesem Park die Bronzeskulptur einer Frau, die einen Korb auf dem Kopf trägt. Es ist eine ‚Wäscherin‘, auf dem Weg zum Waschplatz. Der Waschplatz, wie es ihn überall in Europa schon im Mittelalter gab, befindet sich, wenn Sie auf die Statue blicken, links von Ihnen – vermutlich wären Sie fast daran vorbeigelaufen …

Halten sie sich am Ende des Parks links. Nach wenigen Metern kommen Sie zu einem der vier ehemaligen Stadttore, durch die man Krk von alters her betreten muss. Dahinter liegt die

Vela Placa

Sie ist der Hauptplatz von Krk und wurde bereits im Jahr 1263 schriftlich erwähnt. In der Mitte des Platzes steht ein sechsseitiger Brunnen aus dem 16. Jahrhundert, mit kunstvollen Reliefs, auf denen unter anderem der Markuslöwe und der Hl. Quirinus von Siscia (der Stadtheilige von Krk) zu sehen sind. Der viereckige Turm auf der Westseite des Platzes war einst das Haupttor, durch das man die Stadt betrat. Es stammt aus dem 15. Jahrhundert und wurde von den Bewohnern in Fronarbeit errichtet. Im Obergeschoss des Turmes befand sich das Rathaus. Auf seiner Ostseite sieht man die vier Wappen des Dogen Augustin Barbariga (1420-1501) und eine Uhr aus dem frühen 16. Jahrhundert, die vierundzwanzig Stunden anzeigt.

So gehen Sie weiter: Etwa in der Mitte des Platzes biegen Sie rechts zum Meer hin in die ‚Ribarska ulica‘ ab, die die Vela Placa mit dem ‚Kleinen Stadttor‘ verbindet.

In dieser Straße, im ‚Haus Vasilic‘ (Nr.7), befindet sich ein römisches Mosaik und Reste einer Therme aus dem 1. Jahrhundert. Das Mosaik ist gut erhalten und zeigt eine mythologische maritime Szene. In der Mitte sieht man den griechischen Meeresgott Triton mit Delfinen, andere Meerestiere tanzen um ihn herum.

Folgen Sie der Straße. Nach etwa 60 Metern passieren Sie das ‚Kleine Stadttor‘ (rechts).

Ursprünglich befand es sich beim Bischofshof, wurde jedoch im 14. Jahrhundert hierhin versetzt, um Platz für den Ausbau des Bischofshofes zu schaffen. Auf dem Relief über dem Tor sieht man eine Darstellung des Hl. Quirinus. Vor dem Tor, das in früheren Zeiten der Eingang der Fischer und Seeleute war, befand sich einst eine kleine Anlegestelle.

In einem Haus schräg gegenüber (Adresse: A. Mahnića Nr. 3) befindet sich ein Venus-Tempel aus dem 1. Jahrhundert vor Christus. Der Kult der römischen Göttin der Liebe, der Schönheit und der Ehe lehnte sich an den Kult der griechischen Liebesgöttin Aphrodite an, die den Beinamen ‚Die Schaumgeborene' trug, denn sie wurde aus dem Meer geboren. An der Küste der östlichen Adria ist dies der bisher einzige entdeckte Venus-Tempel.

So gehen Sie weiter: Auf der A. Mahnića geradeaus bis zum Dom (nach etwa 60 Metern links).

Der Dom (Marienkathedrale) und die Kirche des Hl. Kvirin

Es handelt sich um eine frühchristliche dreischiffige Basilika, die der Himmelfahrt Mariens geweiht ist.

Zwar ist archäologisch belegt, dass sie im 5. Jahrhundert auf den Resten einer römischen Therme erbaut wurde, doch Erwähnung findet sie erstmals im Jahr 1186. Einflüsse von Romanik, Gotik, Renaissance und Barock lassen erkennen, dass die Basilika zwischen dem 12. und 17. Jahrhundert mehrfach umgebaut und dem Zeitgeschmack angepasst wurde.

Im Inneren der Kirche finden sich ein 1830 errichteter barocker Hochaltar aus Marmor, gotische Kruzifixe und Skulpturen, Grabplatten der Bischöfe von Krk aus dem 14. bis 16. Jahrhundert, zwei Lesepulte im Renaissancestil und eine hölzerne Kanzel aus dem 17. Jahrhundert. Sie und das Altarbild, das die Grablegung Christi zeigt, wurden von Giovanni Pordenone geschaffen. Die Gemälde ‚Abendmahl‘, ‚Brotvermehrung‘, ‚Abraham opfert Isaak‘ und ‚Mannawunder‘ sind Werke von Tasco da Bergamo aus dem Jahr 1709. Doch besonders hervorzuheben ist das berühmte silberne Altarblatt der Frankopanen mit der Maestŕ aus dem Jahre 1447.

Von den vierzehn antiken Kapitellsäulen rechts und links des Mittelschiffes ist eine (gleich vorne beim Altar) mit fischfressenden Vögeln verziert - Symbolen der Eucharistie. Die Kapelle der Frankopanen aus dem 15. Jahrhundert befindet sich im linken Seitenschiff. Sie wurde im 15. Jahrhundert angefügt und wird von einem gotischen Netzgewölbe überspannt, deren Schlusssteine einen sechsstrahligen Stern und einen brotfressenden Löwen zeigen. Der Stern ist Symbol des ersten Wappens der Frankopanen, der brotfressende Löwe, der sich vermutlich auf den Namen des Fürstengeschlechtes bezieht, ziert das nachfolgende.

Die frühromanische Basilika des Hl. Kvirin (St. Quirinus von Siscia), Schutzheiliger der Stadt, ist an den Dom angebaut, ihr markanter Zwiebelturm gilt als Wahrzeichen der Stadt. Im 11. Jahrhundert wurde das Gotteshaus aus heimischem weißen Stein errichtet und reich mit Fresken dekoriert, von denen Fragmente noch zu erkennen sind. St. Quirinus ist die einzige Kirche auf Krk mit zwei Stockwerken. Ihr oberes Stockwerk, ein sogenanntes Matroneum, war mit der Kathedrale verbunden. Von dort aus konnten die Frauen die Messe verfolgen. Heute befindet sich in dieser Kirche eine wertvolle Sammlung sakraler Kunst mit Werken italienischer Maler aus dem 16. und 17. Jahrhundert sowie ein mehrfach klappbarer Flügelaltar (Polyptychon) von Paolo Veneziano aus dem 15. Jahrhundert, auf dem die Krönung Mariens dargestellt wird. Ein Seitenschiff der Kirche wurde zum Straßendurchgang umgebaut, durch den auch der Dom betreten werden kann.

Der Turm aus dem 16. Jahrhundert hatte ursprünglich einen spitzen Dachaufsatz. Im 18. Jahrhundert wurde er durch einen barocken Zwiebelturm ersetzt, auf dem eine Wetterfahne in Form einer trompetenden Engelsstatue thront. Die Originalfigur war aus Holz, der heutige Engel ist aus Polyester und stammt aus dem Jahr 1973.

Gegenüber vom Dom, noch vor dem Kastell, befindet sich der Bischofspalast. Wer das Kastell von innen besichtigt, kann vom Wehrgang aus einen Blick in den Innenhof des Palastes werfen.

Der Dom in Stadt-Krk

Das Frankopan Kastell

wurde zum Schutz gegen Angriffe vom Meer errichtet und stammt aus verschiedenen Epochen. Mit dem Bau des viereckigen Turms (neben dem Bischofspalast) wurde im Jahr 1191 begonnen. Er diente als Gerichtssaal, davon zeugt eine Inschrift über dem Tor. Es wird vermutet, dass der Turm zeitgleich mit der Kirche des Hl. Quirinus entstand und ursprünglich als Glockenturm (Campanile) geplant war.

Im 13. und 14. Jahrhundert wurde unter Nikola Frankopan der Hauptteil der Festung errichtet (Wall und Bastion am Meer), im 15. der östliche Teil (Burg mit rundem Turm) zugefügt. Die Höhe der Mauern beträgt etwa neun Meter.

Das Kastell wurde unter der Herrschaft der Adelsfamilie ‚Frankopani' oder auch ‚Frankapani' errichtet, die von 1118 bis 1480 über die Insel herrschte. Eine Legende erzählt, dass sich der Namen des Geschlechts auf zwei Brüder aus dieser Familie bezieht, die Brot unter den Armen verteilten. Der lateinische Ausdruck dafür heißt ‚frangere panem' - Brot brechen. Daraus entwickelte sich Frangipan und schließlich Frankopan. Eine Legende, wie gesagt. Bewiesen ist das nicht.

Das Bildnis des ‚Markus-Löwen', das über einer Fensterluke im runden Turm des Kastells zu sehen ist, erinnert daran, dass Venedig gegen Ende des 15. Jahrhunderts in der Kvarner Bucht die Macht übernahm.

Das Kastell kann besichtigt werden. Man sieht den Innenhof, kann den runden Turm besteigen und ein Stück oben auf der Mauer entlanggehen. Von dort hat man einen schönen Blick über die Stadt und den Platz Kamplin, der zwischen dem Kastell und dem Dom liegt.

Der Name des Platzes ‚Kamplin' leitet sich vom lateinischen ‚Campus' ab, was ‚Feld' bedeutet. Zu Zeiten der Römer war er Exerzierplatz. Reste von Säulen zeugen davon, dass hier einst ein großes römisches Bauwerk stand.

So gehen Sie weiter: Vom Dom aus am Kastell vorbei. Wenn Sie den runden Turm passiert haben, links in die ‚Frankopanska' abbiegen, dann immer geradeaus. Nach 350 Metern kommen Sie zum ehemaligen Franziskanerkloster.

Franziskanerkloster und –kirche

Neben dem kleinen Kloster, das einst Teil der nördlichen Stadtmauer war, befindet sich eines der vier Stadttore von Krk. Sehenswert sind der Kreuzgang des Klosters und einige Kunstgegenstände in der zugehörigen einschiffigen Kirche aus dem 13. Jahrhundert, die dem Hl. Franjo gewidmet ist. Dazu gehören ein Triptychon (dreifach gefalteter Altaraufsatz) des Holzschnitzers Paolo Campsa, eine Predigerkanzel aus Holz mit aufwendigen Intarsien, eine Sacra conversatione von Bernardino Licinio, und ein Gemälde der Muttergottes mit Kind des Renaissance Malers Vittorio Carpaccio (1460 – 1520).

So gehen sie weiter: Ein paar Schritte zurück Richtung Meer. Dort wo die Straße sich gabelt, befand sich einst das religiöse Zentrum Krks, ‚Kleiner Vatikan' genannt. Hier steht die Romanische

Kirche der Heiligen Mutter der Gesundheit

Sie gehörte zu einem ehemaligen Benediktinerkloster aus dem 11. Jahrhundert und war ursprünglich dem Erzengel Michael geweiht. In der Hoffnung, dic Stadt damit vor Cholera zu bewahren, wurde sie im 19. Jahrhundert der Muttergottes gestiftet.

Das große moderne Gebäude südlich des Platzes wurde von einem Architektenbüro aus Rijeka entworfen und ist die Grundschule ‚Fran Krsto Frankopan'.

So gehen Sie weiter: Noch einmal ein paar Schritte in Richtung Meer. An der nächsten Straßengabelung links. Von hier schlagen Sie sich kreuz und quer durch die kleinen Gässchen der Stadt, bis Sie wieder zum Hafen und zurück zu Ihrem Auto kommen.

Infos für Camper: Zu Stadt Krk gehören die folgenden Campingplätze.

Camping Jezevac hat 670 Stellplätze. Ver- und Entsorgung für Campingfahrzeuge, Internet und WLAN stehen zur Verfügung, rollstuhlgerechte Sanitäranlagen, Hunde sind erlaubt, Segel- & Surfmöglichkeit, Bootsverleih (1 km entfernt) und Fahrradverleih.

Camping Krk hat 311 Stellplätze, Ver- und Entsorgung für Campingfahrzeuge, Internet und WLAN stehen zur Verfügung, rollstuhlgerechte Sanitäranlagen, Hunde sind erlaubt, Segel- & Surfmöglichkeit, Bootsverleih und Fahrradverleih, FKK.

Camping Pila hat 400 Touristenplätze plus 200 feste Stellplätze. Ver- und Entsorgung für Campingfahrzeuge, Internet und WLAN stehen zur Verfügung, rollstuhlgerechte Sanitäranlagen, Hunde sind erlaubt, Segel- & Surfmöglichkeit und Fahrradverleih. Liegt direkt an der Promenade, dadurch relativ laut aber auch ortsnah.

Camping Konobe liegt außerhalb von Krk. Dieser Platz ist nur etwas für Naturverbundene und Romantiker, die auch mit einfachen Verhältnissen zurechtkommen. Keinesfalls für gehbehinderte Menschen geeignet. Steinstufen, schwere Anfahrt, Wasser aus Tonnen … ungeeignet für größere Campingfahrzeuge. FKK.

Alle vier Plätze finden Sie unter:
www.camping.info/de/beliebte-region/krk

Kornić und die Kirche des Heiligen Dunat

Dort wo man von der Nord-Süd-Route (Straße 102) kommend nach Punat abzweigt, steht in einer kleinen Umfriedung eine aus unbehauenen Feldsteinen errichtete vorromanische Kirche, die dem Heiligen Donatus (Sv. Donat) geweiht ist. Sie ist etwa 12 mal 7 Meter groß und hat einen kreuzförmigen Grundriss. Die Angaben zu ihrer Erbauung sind unterschiedlich, sie reichen vom 9. bis zum 13. Jahrhundert. Da sowohl der

45

Eingangsbereich als auch Teile des Sockels mit behauenen Steinen verkleidet sind, nimmt man an, dass früher das gesamte Gebäude in dieser Art verkleidet war. So unscheinbar die kleine Kirche auf den ersten Blick auch erscheinen mag, gilt sie doch als eines der bedeutendsten Zeugnisse altkroatischer Baukunst. Angeblich wurde sie mithilfe des kreisrunden Fensters über dem Eingang auch als Sonnen-Kalender genutzt.

Die Kirche gehört zu einem kleinen Dorf namens Kornić, das etwa 500 Meter entfernt auf einer Anhöhe liegt. Dort gibt es ein kleines Heimatmuseum, in dem Exponate zum Dorfleben der Krker ausgestellt werden. Der Name des Ortes leitet sich vom lateinischen Wort ‚corvus' für Rabe ab. Die klugen schwarzen Vögel, die man in weiten Teilen Deutschlands kaum noch zu Gesicht bekommt, sind hier häufig anzutreffen. Falls Sie sich über diese Behauptung wundern, verwechseln Sie vermutlich Raben mit Raben- oder Saatkrähen.

> Tipp: Ein schöner Spazierweg (etwa drei Kilometer) führt am Meer entlang von Punat zur Kirche Sv. Donat.

Punat

Die Stadt ist der zweitgrößte Ort auf Krk. Er liegt in der beinahe geschlossenen ‚Puntarska Draga Bucht', die nur durch die schmale Meeresenge Usta mit dem offenen Meer verbunden ist. Der Name Punat bezieht sich auf die Brücke (lat. pons), die sich einst am Eingang der Bucht befand, um die Landzunge Prniba mit der Inselostküste zu verbinden.

Vor langer Zeit befand sich in dem Ort eine bekannte Schiffswerft, in der Holzschiffe gebaut wurden. Heute zählt der Hafen von Punat zu den größten und bestausgestatteten Marinas an der Ostküste des Adriatischen Meeres. Er bietet Platz für bis zu 800 Boote im Wasser und 300 an Land, und man kann in den drei Werften des Ortes Reparaturen vornehmen lassen. Hafen und Strände sind mit der blauen Flagge ausgezeichnet - ein unabhängiges Öko-Label, das jedes Jahr bei konstant hoher Badewasserqualität und hohen Standards vergeben wird.

Doch nicht nur bei Seglern, Yachtbesitzern und Wakeboardern ist die Stadt, die bereits 1480 als Weinort ‚Villa di Ponte‘ erwähnt wurde, sehr beliebt. Auch viele Tagesausflügler aus den umliegenden Orten fahren hin, um sich den Hafenort mit seiner für Küstenorte typischen Architektur anzusehen. Bürgerhäuser mit Freitreppen, Terrassen und die für diese Gegend charakteristischen Rundbögen aus dem 18. und 19. Jh. sind noch erhalten. Kleine Häuschen mit finsteren, kühlen Weinkellern stehen hier dicht aneinandergedrängt.

Rund um die Plätze Vela placa und Mala placa, die das Zentrum des Ortes bilden, sieht man enge, verwinkelte Gassen.

Jahrhundertelang lebten die Einwohner vom Wein-, Oliven- und Feigenanbau, und noch heute gilt das Olivenöl aus Punat als eines der besten. Davon zeugen die Weingärten und Olivenhaine mit den kleinen, steinernen Hütten und steilen Treppen, die sich an den Altstadtkern anschließen, und eine historische Ölmühle aus dem 17. Jahrhundert, in der heute Ausstellungen von Künstlern gezeigt werden (Galerie Toš).

Einer der bekanntesten Söhne der Stadt ist Franjo Orlic, der von 1962-1966 Präsidenten von Costa Rica war.

Natürlich findet man auch in Punat alle üblichen Freizeitangebote, in der Puntarska Draga Bucht gibt es darüber hinaus seit 2001 einen Wakeboard-Lift. Zu Punat gehören auch einige Buchten mit Sandstränden, die in Kroatien eher selten zu findenden sind.

Info für Camper: Nicht weit vom Zentrum befindet sich am Strand in einem Kiefernwald der moderne Campingplatz Pila, der auch für Rollstuhlfahrer geeignet ist und Haustiere erlaubt.

Etwas weiter außerhalb, ca. 7 km südöstlich von Punat an der Straße Krk - Baška liegt der Campingplatz

Škrila. Es handelt sich um ein terrassenartig angelegtes Gelände in stark zerklüfteter Steilküste, mit mehreren schmalen Kiesbadebuchten. Hunde sind erlaubt. Insgesamt 525 Standplätze und elf Mobilheime. Der Platz ist ruhig und sauber, leider teils ohne Bewuchs, also wenig Schatten. Für Rollstuhlfahrer nicht geeignet, FKK möglich.

Der Hl. Franziskus auf der Insel Košljun

Insel Košljun

Die kleine Insel Košljun, auf der ein Franziskaner Kloster steht, ist nur wenige hundert Meter von Punat entfernt und kann mit einem Taxi-Boot erreicht werden. Sie misst im Durchmesser circa 300 Meter und bedeckt eine Oberfläche von etwa 6,5 Hektar.

Am Anlegesteg wird man von einer Statue des Heiligen Franz von Assisi empfangen. Er gilt als Patron des Naturschutzes, der Tierärzte und im weiteren Sinne auch der Tiere selbst. Aus diesem Grund wird er häufig, wie auch hier, mit einem Wolf dargestellt.

Rechts der Statue, neben einem jungen Olivenhain, sieht man eine alte Ölmühle.

Das erste Gebäude, das sich auf der Insel nachweisen lässt, war eine römische Villa (Villa Rustica), in der römische Adelige ihre Sommer verbrachten. Darauf weist auch der Inselname hin, der sich vom lateinischen ‚Castellum' ableitet. In Nachrömischer Zeit lebten immer wieder Einsiedler auf der Insel, bis schließlich im 12. Jahrhundert Benediktinermönche ein Kloster auf ihre gründeten, das 1447 von Franziskanermönchen übernommen wurde.

Bis 2013 beherbergte das Kloster noch fünf Mönche. Einer von ihnen war zu dieser Zeit fast hundertjährig, der andere über hundert Jahre alt, ein junger Mönch Mitte zwanzig und zwei mittleren Alters. Der junge Mönch ist eines Tages klammheimlich von der Insel verschwunden, der über hundertjährige wurde bald danach in ein Kloster nach Pula gebracht, weil dort eine bessere ärztliche Versorgung gewährleistet ist. Wie lange die verbliebenen drei Mönche noch bleiben werden, weiß nur Gott. Von den Einnahmen aus Seminaren, die im Kloster abgehalten werden, und den Eintrittsgeldern der Touristen leben die Mönche und halten ihr Kloster in Schuss, das im Übrigen äußerst gepflegt ist.

Das bedeutendste Kunstwerk in der Kirche ‚Mariä Verkündigung' ist das Polyptychon – ein mehrfach aufklappbares Altarbild des venezianischen Meisters G. da Santacroce aus dem Jahr 1535. Dargestellt wird das Leben der Jungfrau Maria. Auf weiteren Tafeln sind die Heilige Katharina von Alexandrien, Johannes der Täufer, Maria Katharina Frankopan und ihr Vater Fürst Ivan (die Stifter Košljuns) und die Heiligen des Franziskanerordens dargestellt.

Das große Gemälde über dem Hauptaltar, ein Werk F. Ughettos aus dem Jahr 1654, zeigt das ‚Jüngste Gericht'. Auf den Gemälden der Seitenaltäre sieht man

Darstellungen des ‚einfachen Bruders St. Didacus‘, des Heiligen Petrus von Alcantara und des Heiligen Franziskus mit den Wundmalen.

Die heutige Kirche stammt aus dem Jahr 1480 und wurde von den Franziskanern erbaut. Als in jüngerer Zeit bei Renovierungsarbeiten in der Kirche die Steinplatten des Fußbodens erneuert werden mussten, nutzte man die Gelegenheit, die Fundamente der dreischiffigen Vorgängerkirche aus dem 12. Jahrhundert freizulegen. Dabei erhielt auch die Gruft der Maria Katharina Frankopan, die mit ihrem Vater, Fürst Ivan VII. von Krk die Mittel für den Bau der heutigen Kirche zur Verfügung gestellt hatte, eine neue Grabplatte.

Im ethnographischen Museum des Klosters sind verschiedene Sammlungen sakraler Kunst, eine Münzsammlung, eine Muschelsammlung, eine Sammlung kurioser ausgestopfter Tiere, sowie Krker Volkstrachten und zahlreiche Gebrauchsgegenstände der Fischer und Bauern zu sehen, wie sie Ende des 19. und Anfang des 20. Jahrhunderts benutzt wurden.

In der Klosterbibliothek stehen an die 15 000 Bücher, die teilweise von unschätzbarem Wert sind. Darunter die Messe von Hrvoje aus dem Jahr 1404, eine jüdische Bibel aus dem 11. Jahrhundert, glagolitische Predigten und ein 500 Jahre alter venezianischer Atlas (Atlas von

Ptolemäus), von dem es weltweit nur drei Exemplare gibt. Zu besichtigen ist die Bibliothek aber leider nicht.

Auf der Insel, die man umwandern kann, gedeihen 400 Pflanzenarten, darunter 155 verschiedene Pilzsorten. Ein Pfad führt vorbei an einem Kreuzgang mit einer Kapelle, durch einen Steineichenwald, zum Klosterfriedhof und wieder zum Ausgangspunkt zurück.

Ein Ausflug nach Košljun lohnt sich auf jeden Fall, und falls sich die Gelegenheit ergibt, an einem Gottesdienst in der Klosterkirche teilzunehmen - hier singt man noch Lieder in altkroatischer Sprache!

Stara Baška

Wer hier Urlaub macht, möchte vor allem seine Ruhe haben. Der kleine Ort, der inmitten zerklüfteter, felsiger Landschaft liegt, ist eher unscheinbar und vor allem für seine herrlichen Sand- und Kiesstrände, das kristallklare Wasser und die naturbelassene Landschaft bekannt, die man auf diesem abgelegenen Teil der Insel findet. Manche der Strände und Buchten sind nur zu Fuß oder gar nur mit dem Boot erreichbar. Sogenannte Boottaxis bringen einen hin und holen einen zur vereinbarten Zeit wieder ab.

Direkt am Ortseingang von Stara Baška liegt der Strand Oprna. An diesem Strand gibt es eine kleine Gaststätte. Lässt man sich aber zu einer der Buchten bringen, muss man sich selbst sein Essen und Trinken mitnehmen und sollte vor allem einen Schattenspender nicht vergessen.

Sehenswürdigkeiten hat Stara Baška kaum zu bieten. Auf einer Anhöhe über dem Ort kann man die Überreste der teilweise sanierten Kirche des Heiligen Hieronymus besichtigen und den herrlichen Ausblick auf die Umgebung genießen. Unweit davon befindet sich außerdem die Ausgrabungsstätte eines Militärkomplexes aus dem 6. Jahrhundert.

Jurandvor und Batomalj

Jurandvor und Batomalj sind zwei kleine Orte, die kurz vor Baška liegen. Man erreicht sie auf der gut ausgebauten Nord-Süd-Trasse 102, die, je näher man Baška kommt, umso kurviger wird.

Auf der Fahrt dorthin besticht zuerst einmal die Umgebung durch ihre Landschaft. Man lässt die kargen Steinfelder hinter sich, fährt nun an Wäldern und Weiden vorbei und kommt schließlich zu einem Aussichtspunkt mit der Skulptur eines aus weißem Stein gehauenen Buchstaben des glagolitischen Alphabets – das A.

Hier sollten Sie unbedingt anhalten und den wunderbaren Ausblick auf die Bucht von Baška genießen. Wenn Sie dann weiterfahren, achten Sie auch auf den Straßenrand, denn ab hier ist der Weg mit weiteren Buchstaben des glagolitischen Alphabets gesäumt, der letzte davon steht am Hafen der Stadt. Beeindruckend ist auch das Bergpanorama, rechts über den Wäldern. Die im Sonnenlicht weiß aussehenden Buckel des Obzova-Berges, der das Baška-Tal von der Punta-Bucht trennt, erinnern an ein schlafendes Tier. Seine höchsten Gipfel sind Obzova (mit 568 Metern der höchste Berg auf der Insel), Veli vrh (541 m) und Orljak (537 m).

Kurz vor Baška fährt man schließlich durch ein Dorf mit dem Namen Jurandvor. Biegt man hier an der dritten, vierten oder fünften Seitenstraße links ab, kommt man zur Kirche der Hl. Lucia in Jurandvor.

Jurandvor

Berühmt wurde der kleine Ort durch die ‚Tafel von Baška'. Sie stammt aus dem Jahr 1100 und zählt zu den bedeutendsten Schriftzeugnissen der altkroatischen Sprache. Gefunden wurde sie 1851 von einem Pfarrer Namens Petar Dorčić. Er entdeckte sie in einer frühromanischen Kirche der Heiligen Lucia, die zu einer verfallenen Benediktinerabtei gehörte. Die Steintafel ist der linke Teil einer Abschirmung (Pluteus), die den Altarraum vom Kirchenraum trennt. Sie misst 199 Zentimeter in der Länge und 99 Zentimeter in der Höhe. Die dreizehn Zeilen in glagolitischer Schrift informieren darüber, dass der kroatische König Dmitar Zvonimir der Kirche der heiligen Lucia eine Landschenkung machte, benennt Zeugen für die Schenkung und hält fest, dass ein Abt Namens Dobrovit mit seinen neun Brüdern diese Kirche erbaute.

Die Steintafel, die man in der Kirche sieht, ist eine Kopie. Das Original wird seit 1934 in der Kroatischen Akademie der Wissenschaften und Künste in Zagreb aufbewahrt. Ein weiteres Replikat steht im Lesesaal der Staatsbibliothek zu Berlin im Scharounbau am Eingang der Osteuropa-Abteilung. Man konnte die ‚Tafel von Baška‘ übrigens auch auf der Rückseite des 100-Kuna-Scheines sehen.

Der Hauptaltar der Kirche, ein dreiteiliges Holzpolyptychon aus dem 14. Jahrhundert, ist ebenfalls ein Replikat. Das Original wird im Bischofshof in Krk aufbewahrt. Es ist ein Werk der Meister Luka und Ivan, Söhne von Paolo Veneziano.

Die Kirche ist von den Ruinen des Klosters umgeben, zu dem sie gehörte. An den vier Ecken des Glockenturms sieht man Evangelistensymbole und links neben dem Eingang ein Schachbrettmuster, wie es sich seit der Unabhängigkeit Kroatiens auch im kroatischen Wappen wiederfindet.

Seit 2000 ist der Komplex als Informations- und Museumszentrum ausgestattet. In dem kleinen gelben Gebäude der Anlage kann man Eintrittskarten kaufen und erhält Informationsmaterial. Im rekonstruierten Refektorium kann man einen zwanzigminütigen Film über die Geschichte des Klosters sehen.

Falls Sie die Kapelle von Baška aus kommend besichtigen wollen, gehen Sie auf der Zvonimirova ul. (dies ist die Straße oberhalb der Hafenpromenade) immer Richtung Westen. Nach etwa eineinhalb Kilometern stoßen Sie auf die ‚Jurandvor‘. Hier links abbiegen. Nach 120 Metern rechts, um auf Jurandvor zu bleiben. Nach 260 Metern wieder rechts - von hier sind es nur noch ein paar Schritte bis zur Kirche. Von Baška aus geht man je nach Ausgangspunkt eineinhalb bis zwei Kilometer (etwa eine halbe Stunde).

Mit dem Auto fahren Sie auf der Hauptstraße (102) Richtung Norden. Bereits die nächste Ortschaft ist Jurandvor. An der Kreuzung biegen Sie rechts ab.

Batomalj

Die Wallfahrtskirche ‚Heiligtum der Mutter Gottes auf dem Berge' (Svetište Majke Božije Goričke) gehört zur Gemeinde Batomalj. Der kleine Ort zieht sich gegenüber von Jurandvor eine Anhöhe hinauf. Die Kirche wurde im 15. Jahrhundert auf den Ruinen eines Kastells erbaut und stammt im Ursprung aus vorromanischer Zeit. Im 17. Jahrhundert wurde sie barockisiert. Papst Leo XVIII. erhob sie 1896 zur Pilgerkirche. An Pfingsten, an Mariä Himmelfahrt und an Mariä Geburt strömen seither zahlreiche Gläubige von Krk, den Nachbarinseln und dem Festland zu ihr und erklimmen die Votivtreppe mit 237 Stufen und 14 Kreuzwegstationen, um zur Muttergottes zu beten, sie um Gnade und Hilfe zu bitten. Die Bronzetafeln der Kreuzwegstationen stammen von Tomislav Kršnjavi, einem zeitgenössischen Bildhauer aus Zagreb. Die Glocke aus dem späten 16. Jahrhundert erklingt nach alter Tradition immer dann, wenn der Bischof von Krk den Ort besucht.

Die Altarbilder wurden von Celestin Medovic (1857-1920) gemalt, einem Franziskaner-Mönch, der unter anderem in Rom und München Kunst studierte. Im Laufe seines Lebens gestaltete er einige Franziskanerklöster künstlerisch aus. 1895 trat er aus dem Orden aus und wurde Mitglied der kroatischen Künstlergruppe um Vlaho Bukovac, mit der er in Budapest, Kopenhagen, Paris, Prag, Belgrad, Sofia und Zagreb ausstellte.

Die Statue der Muttergottes von Gorica mit dem Jesuskind stammt aus dem 15. Jahrhundert.

So kommen Sie hin: Aus Richtung Malinska fahren Sie nach der Bushaltestelle rechts, dann scharf rechts und den Berg hinauf.

Haben Sie zuerst die Kirche der Heiligen Lucia besucht, nehmen Sie vom Parkplatz aus die mittlere der drei Straßen und überqueren dann die 102. Halten Sie sich ab hier rechts und fahren Sie den Berg hinauf.

Wenn Sie von Baška kommen, fahren Sie mit dem Auto auf der Hauptstraße (102) Richtung Norden. In Jurandvor an der Kreuzung, an der es rechts zur Kirche der Hl. Lucia geht (es ist die 2. Möglichkeit, um zur Kirche der Hl. Lucia zu kommen), links abbiegen. Folgen Sie der Straße, die eine Rechtskurve macht. An der Gabelung rechts halten und der Straße bis zur Kirche folgen.

Zu Fuß geht man über das Feld unter dem Hügel Goričica, dann auf den ‚Gelöbnisstufen‘ hinauf bis zur Kirche.

Baška

Auf einer Anhöhe über Baška, dort wo heute die gelbgestrichene Kirche ‚Clava Sv. Ivana' steht, existierten vermutlich bereits im 11. Jahrhundert erste Häuser. Im 13. und 14. Jahrhundert wurde die Siedlung zum Kastell ausgebaut. Diese Festung bot den Menschen Sicherheit, und so entstanden im nahen Umkreis Häuser mit Stallungen, Gärten und landwirtschaftlichen Flächen, auf denen Wein, Oliven und Feigen angebaut wurden. Aus Rache an den Frankopan, die sich auf die Seite des kroatisch-ungarischen Königs Ljudevit geschlagen hatten, brannten die Venezianer anno 1380 das Kastell jedoch nieder. Darauf zog sich die Bevölkerung für ein knappes Jahrhundert ins Hinterland zurück. Doch bereits in der ersten Hälfte des 16. Jahrhunderts entstand am Meer unterhalb des ehemaligen Kastells eine neue Siedlung (das heutige Baška), deren Bewohner sich nun hauptsächlich von Fischfang und der Seefahrt ernährten.

Alberto Fortis, ein italienischer Biologe und Weltenbummler, erwähnte Baška bereits 1774 als Ort, an den es sich zu reisen lohnt. Ab 1888 brachte ein Schiff zweimal wöchentlich Gäste vom Festland nach Baška, Krk und Malinska und empfahlen Ärzte aus Wien und Graz eine Kur auf der Insel. 1903 wurde das erste Hotel eröffnet und in den Jahren 1908 und 1911 am Strand zwei für die Zeit typische Badehäuser errichtet, die noch in ihrem ursprünglichen Zustand erhalten sind. Von da an entwickelte sich Baška zu einem europaweit bekannten und vielbesuchten Kur- und Touristenort.

Kirche Clava Sv. Ivana (Johannes der Täufer)

Wie bereits erwähnt, befand sich auf der Anhöhe bei der Kirche Clava Sv. Ivana das vierte Kastell der Frankopanen. 1380 zerstörten es die Venezianer, worauf sich die Menschen, die hier lebten, ins Hinterland zurückzogen. Im 16. Jahrhunderts kamen sie zurück, gründeten Baška und machten die Anfang des 15. Jahrhunderts errichtete Kirche Sv. Ivana zu ihrer Pfarrkirche. Im Glockenturm befindet sich eine der ältesten Glocken von Krk. Sie stammt aus dem Jahr 1431 und wird von den Anwohnern liebevoll ‚Die Alte' genannt. Im 19. Jahrhundert wurde ‚Clava Sv. Ivana' umfassend renoviert. Ein Gottesdienst findet hier nur einmal im Jahr statt - am 24. Juni.

Um dieser Kirche einen Besuch abzustatten, muss man einen Aufstieg von etwa einer halben Stunde auf sich nehmen, dafür wird man aber vom Friedhof der Kirche aus mit einem traumhaften Panoramablick auf Baška, die Bucht, das Meer und das Umland belohnt.

An dieser Kirche beginnt auch einer der schönsten Wanderwege von Krk – der ‚Weg zum Mond‘. Mehr dazu weiter unten.

Die barocke Pfarrkirche ‚Sveti Trojice‘

Die 1722 im Barockstil erbaute heutige Pfarrkirche ‚Sveti Trojice‘ (Dreifaltigkeitskirche) liegt im Zentrum von Baška. Sie hat acht Altäre, die mit Gemälden bekannter venezianischer Maler und verschiedenen Holz- und Steinskulpturen aus dem 15. bis 18. Jahrhundert geschmückt sind. Das Gemälde ‚Marienkrönung‘ auf dem geschnitzten Renaissance-Altar stammt von dem einheimischen Priester Franjo Juričić. Die ‚Muttergottes mit Engeln und Heiligen‘ am linken Seitenaltar schuf im 15. Jh. der Künstler Marco Marziale. Ein silbernes Kruzifix, Geschenk des Fürsten Frankopan, zählt zu den Prunkstücken. Der 28 Meter hohe Glockenturm stammt aus dem Jahr 1766.

Und sonst in Baška …

Das Heimatmuseum von Baška, gleich neben der Pfarrkirche, wurde im Jahre 1970 eröffnet. Dort sind ethnologische Kunstgegenstände, zahlreiche Gebrauchsgegenstände wie Geschirr und Küchenbesteck oder ursprüngliche Volkstrachten aus Baška zu sehen. Es gibt außerdem ein Gedenkraum zu Ehren der tschechischen Ärztin Zdenka Čermakova (1884- 1968), die maßgeblich daran mitwirkte, dass aus Baška ein bekannter Kurort wurde. Bis zu ihrem Tod war sie Bade- und Gemeindeärztin.

Nicht weit entfernt befinden sich die Ruinen einer mittelalterlichen Burg.

Wer einen Blick unter Wasser werfen und den Artenreichtum der kroatischen Adria kennenlernen will, muss nicht tauchen können. Im Zentrum von Baška gibt es ein Aquarium mit zwanzig Salzwasser-Becken, in denen hundert Fischarten, darunter Kraken, Muränen und sogar Fleckhaie sowie über 400 Muschel- und Schneckenarten zu sehen sind. Es gibt aber auch die Möglichkeit, mit einem Submarin- oder Seawatching-Boot aufs Meer hinausfahren, um die Unterwasserwelt zu beobachten.

Will man sich die Umgebung vom Meer aus ansehen oder einen der umliegenden Strände besuchen, kann man sich mit Taxibooten überall hinfahren lassen und einen Abholtermin vereinbaren. Taxiboote findet man am Hafen. Auch Ausflugsschiffe, die Tagesfahrten zu den Nachbarinseln anbieten, fahren in Baška ab.

In einer der vielen alten Konobas von Baška lässt sich gut essen und trinken. Wein oder Schnaps kann man häufig auch bei Privatleuten kaufen. Kleine Hinweisschilder zeigen an, wo.

Tipp: Im Juli/August ist es sinnlos, in Altstadtnähe nach einem Parkplatz zu suchen. Große Parkflächen gibt es in der Nähe des Campingplatzes Zablace – an der Einfallstraße am Ortsanfang rechts halten. Die Parkplätze sind überall gebührenpflichtig. Im Frühjahr und wieder ab September ist es ruhiger.

Falls sie die Touristeninformation brauchen - sie befindet sich an der Einfallstraße am Ortsanfang auf der linken Seite.

Wandern rund um Baška

Es gibt viele schöne Wanderwege rund um Baška - kostenlose Wanderkarten liegen bei der Touristeninfo, in Hotels und an Campingplätzen aus.

‚Der Weg zum Mond' zählt zu den schönsten Wanderungen auf Krk. Erst geht es hinauf zur Kirche des Hl. Ivan, dann weiter auf einem Steinpfad durch schattige Wälder. Unterwegs hat man immer wieder einen tollen Blicken auf Baška und die vorliegenden Inseln, und am

Ende erwartet einen eine wunderbar skurrile Landschaft.

Tipp: Wenn Sie an der Friedhofskirche angekommen sind, gönnen Sie sich den Ausblick vom dortigen Aussichtspunkt, bevor Sie Ihren Weg fortsetzten.

Der ‚Glagolitische Weg von Baška‘, der oben bereits erwähnt wurde, führt vom Treskavac-Pass (Nord-Süd-Trasse 102) bis zur Alten Riva im Hafen und ist der glagolitischen Schrift gewidmet. Die Schriftzeichen von Alpha bis Omega, wie sie auf der Tafel von Baška zu sehen sind, wurden auf vielfältige Weise künstlerisch gestaltet. So ist das ‚Tal von Baška‘ quasi zum Lehrbuch der altslawischen Schrift geworden. Die insgesamt 34 Steinskulpturen hat man neben wichtigen Kultur-, Geschichts- und Naturstätten aufgestellt. Die vier großen Werke stammen von Ljubo De Karina, dem Mentor und künstlerischen Leiter des Projekts, die dreißig kleineren Skulpturen entstanden in Bildhauerwerkstätten von Baška. Eine fünfunddreißigste Skulptur ist der glagolitischen Schrift und den glagolitischen Schreibern gewidmet. Auf kleinen Messingtafeln am Sockel der Skulpturen werden der jeweilige Standplatz, der Künstler, die Übersetzung des Buchstaben in lateinische Schrift, ein Text in Blindenschrift, sowie der Name des Stifters erläutert.

65

Info für Camper:

Camping ‚Bunculuka' ist ein ausgewiesener FKK-Platz, der etwas außerhalb in einer Bucht an einem felsigen Hang terrassenförmig angelegt wurde. Man hat Blick auf die Insel Prvić. Insgesamt verfügt ‚Camp Bunculuka' über 570 Stellplätze mit Anschlüssen für Wasser, Abwasser und Strom sowie WLAN. Vereinzelt Schatten durch Bäume, Kiesstrand vor steil aufragender Felsküste. Holzkohlengrill und Hunde sind erlaubt, es gibt einen Hundestrand, Angeln, Segel- & Surfmöglichkeit, Bootsverleih, Fahrradverleih und Tauchstation. Rollstuhlgerechte Sanitärausstattung

Der Campingplatz Zablaće befindet sich am 1800 Meter langen Kiesstrand ‚Vela plaža'. Das Gelände ist durch eine Straße zweigeteilt. Die eine Seite liegt auf einem Wiesengelände mit einzelnen Bäumen, der andere und kleinere Teil in einem Taleinschnitt mit einem Bach. Ein kleiner Vergnügungspark und Musikveranstaltungen in der Nähe sorgen leider für Unruhe. Insgesamt gibt es 700 Stellplätze mit Wasseranschluss, 60 leider etwas beengte Mobilheime und Mietcaravans. Angeboten werden Segeln, Fahrradverleih, Tauchstation. Die Zufahrt ist durch parkende Autos oft beengt. Für Hunde ist der Platz erlaubt, es gibt einen kleinen Hundestrand.

Der Platz ist rollstuhlgeeignet.

Insel Košljun - Klosterkirche

Blick auf Baška

Eine Bucht an der Westküste

Kneipe am Hafen von Porat

Der Dreschplatz in Kras

Blick auf Vrbnik

Das A auf dem Glagolitischen
Weg von Baška

Blick in den Innenhof des Kastells
von Stadt Krk

Mittelkrk und die Ostküste

Gabonjin und Kras

Wir starten unsere Rundfahrt für diesen Teil der Insel am Kreisverkehr in Maršići auf der Nord-Süd-Trasse 102. Hier geht es Richtung Westen nach Malinska, Richtung Osten nach Dobrinj. Schlagen Sie den Weg nach Dobrinj ein. Nach zwei Kilometern, noch vor der Ortschaft Gabonjin, kommt rechts am Straßenrand ein ‚Steingarten‘. Auf den Findlingen sind glagolitische Buchstaben eingemeißelt, eine Infotafel gibt Auskunft über die geschichtlichen Hintergründe.

Der nächste Ort nach Gabonjin heißt Kras. In einer Kurve mitten im Dorf sieht man links an der Straße einen kreisrunden Platz. Er ist etwas erhöht, hat im Durchmesser etwa sieben Meter, ist von Feldsteinen eingefasst, ein paar Stufen führen hinauf. Das ist ein alter Dreschplatz. Solche Dreschplätze werden auf Krk ‚Gumna‘ genannt. Die Mauern sollten verhindern, dass wertvolles Korn verloren ging. War das Korn in mühevoller Arbeit aus den Ähren, den Spelzen oder Hülsen gedroschen, wurde mit Forken das Langstroh abgenommen. Das übriggebliebene Gemisch aus Kurzstroh,

Früchten und Staub musste mit Hilfe einer Worfel (ein Korb oder ein großes, feines Sieb) durch Hochwerfen per Hand gereinigt werden. Der Wind blies dabei den Staub und die Strohreste weg. Man kann sich hier vorstellen, wie hart die Arbeit der Bauern war.

Dobrinj

ist ein Bergdorf, ein Stück landeinwärts, und wird im Jahr 1100 zum ersten Mal erwähnt. Die Burg von Dobrinj war eine der vier Krker Burgen der Fürstenfamilie Frankopan. An diese Epoche erinnert noch die sogenannte „Unterstadt" mit ihren Häusern, die eine Stadtmauer bildeten. In den frühen Morgenstunden, wenn noch keine Touristen unterwegs sind, erweckt der Ort mit seinen alten typischen Häusern und engen Gassen den Eindruck, als sei die Zeit stehengeblieben.

Der historische Ortskern ist autofrei, ein großer Parkplatz steht außerhalb von Dobrinj zur Verfügung. Man betritt das Städtchen also zu Fuß und gelangt immer der Nase nach auf den zentralen Platz. Dort gibt es ein Restaurant mit einer Gastterrasse. Das Restaurant im Rücken, sehen Sie links ein schmales, hohes Haus, das mit Fahnen geschmückt ist - das Rathaus. Etwas weiter rechts, in dem Gebäude hinter dem Brunnen, das im

Besitz der Infeld-Stiftung aus Wien ist, werden Kunstausstellungen gezeigt. Ebenso in der Kirche aus dem 14. Jahrhundert, die dem Heiligen Anton geweiht war, und in der heute keine Gottesdienste mehr stattfinden. Im Pfarrhaus daneben befindet sich seit 1981ein Museum mit einer Sammlung sakraler Gegenstände, die zuvor in Kirchen, Kapellen und Sakristeien aufbewahrt wurden. Die Sammlung ist unterteilt in Silberzeug, hölzerne Gegenstände, Textilien und Bücher.

Direkt vor sich sehen Sie einen kleinen Park, der von alters her den französischen Namen ‚Jardin‘ trägt, was Garten bedeutet – vermutlich, weil er während der französischen Besatzungszeit angelegt wurde. Zum Park führt eine Steintreppe hinauf. An dieser Treppe gibt es rechts einen Steinblock mit zwei gleich großen Becken, die im Mittelalter zur steuerlichen Bemessung von Getreide und Öl verwendet wurden. Die steinerne Konsole, die von links die Treppe überspannt und einen Pferdekopf darstellt, war einst vermutlich eine Balustrade, die einen Balkon trug und gleichzeitig als amtliches Längenmaß diente – sie misst eine Elle, beziehungsweise 63,5 cm. Hierzu möchte ich anmerken, dass das Ellenmaß zu dieser Zeit nicht überall gleich lang war. Das Wandrelief dahinter stellt das Meer und die Möwen dar.

Rechts, am Ende des Parks, steht der 36 Meter hohe Kirchturm, der zur Kirche des Hl. Stephan gehört und im Jahr 1720 durch Meister Pilepić erbaut wurde. Nach italienischem Vorbild ist er nicht in die Kirche integriert, sondern steht frei neben ihr. Einer Legende nach ist er durch einen Zauberbann dazu verdammt, immer wieder einzustürzen. Tatsächlich gab es zwei Blitzeinschläge, wurde er im II. Weltkrieg zerstört und bei einem Aufstand schwer beschädigt.

Geht man vom Park aus über die Treppen mit dem Ellenmaß wieder auf den Platz zurück, liegt links die Post. Die Gasse nach der Post (links) führt zur gotischen Kirche des Hl. Stephan (crkva Sv. Stjepana), die an ihrem markanten Säulenvordach (cerganom) leicht zu erkennen ist. Ein ganz ähnliches Dach ist in Omišalj vor der Kapelle Sv. Antun Padovanski zu sehen.

Diese dreischiffige Kirche war zu Beginn einschiffig. Der ursprüngliche Bau wurde im Jahre 1100 fertiggestellt. Im Zuge einer Erweiterung im Jahre 1510 flossen Elemente der Spätgotik und des Barocks ein. Ein weiterer Umbau wurde 1609 fertiggestellt. Im 18. Jahrhundert integrierte man zwei Seitenkapellen in die Kirche, wodurch der ursprünglich einschiffige Bau dreischiffig wurde. Im Jahr 1902 wurde Sv. Stjepana noch einmal umfassend renoviert und vergrößert und erhielt einen

Altar aus Marmor. Seit 1974 zählt die Kirche zu den offiziellen Kulturdenkmälern Krks.

Im Saal der ehemaligen Bruderschaft, im Pfarrhaus gleich neben St. Stephan, wird während der Hauptsaison eine sakrale Ausstellung gezeigt. Das Antependium von Paolo Venezianos (ein reich bestickter Vorhang, der gedacht war, einen Altarunterbau zu zieren) ist das wertvollstes Stück der Sammlung. Es zeigt die Krönung der Jungfrau Maria und stammt aus dem vierzehnten Jahrhundert. Angeblich wurde das Antependium nur zufällig in einem Wohnhaus entdeckt, wo es als Putzlappen diente. Ein identisches Antependium desselben Künstlers befindet sich im Londoner Museum „Victoria and Albert". Außerdem beinhaltet die Sakralsammlung alte Aufzeichnungen in glagolitischer Schrift, den Reliquienschrein der heiligen Ursula und ein ungewöhnliches Kruzifix mit dem gekreuzigten Jesus auf der einen und seiner Mutter Maria auf der anderen Seite.

Von St. Stephan aus geht es wieder zurück zum Hauptplatz. Linkerhand werden im Vorhof eines Privathauses historische Gebrauchsgegenständen gezeigt. Der Eintritt ist frei, ein kleines Trinkgeld wird erwartet.

Am Ende der Gasse, dort wo rechts die Post ist, steht links das ehemalige Schulgebäude. Hier unterrichtete der Pfarrer und Schriftsteller Antun Kirinčić ab 1841 die Kinder des Ortes. Seit Januar 2006 gibt es ein neues Schulgebäude außerhalb von Dobrinj.

Wenn Sie hier noch einmal rechts abbiegen und dann rechts an der Post vorbei Richtung Kirchturm gehen, kommen sie nach wenigen Metern zu einer Aussichtsplattform. Von dort aus hat man bei klarem Wetter eine weite Aussicht über das Land. In der Ferne erblickt man links die Insel Cres und im Bogen nach rechts auf dem Festland von Istrien die Städte Lovran, Opatija, Rijeka, Kostrena und Kraljevica. Vor sich sieht man am Ende der Insel den Flugplatz und etwas näher die Bucht von Soline.

Geht man wieder zurück auf den Hauptplatz und von dort Richtung Auto, kommt man am Heimatmuseum von Dobrinj vorbei. Es liegt links, etwa gegenüber vom Rathaus, und ist das Geburtshaus von Ivo Sučić, einem Lehrer und Journalisten, der einige Berühmtheit in Kroatien erlangte.

Der 3. August ist der Tag des Hl. Stephan, des Kirchenheiligen von Dobrinj. Da sind Groß und Klein, Jung und Alt auf den Beinen. Einige kommen bereits in den frühen Morgenstunden zur altslawischen Messe, andere erst abends, um auf der Placa bei kroatischer Musik bis in die Morgenstunden zu feiern.

Die Gegend um Dobrinj ist auch für ihre farbenfrohe Tracht bekannt. Den Sommer über finden immer wieder Folklore-Veranstaltungen und Sopelakurse statt - die Sopela ist ein traditionelles Blasinstrument, das am ehesten mit einer Klarinette zu vergleichen ist.

Šilo

ist ein typischer Touristenort, beliebt wegen seiner vielen, kleinen, natürlichen Buchten und einem der auf Krk seltenen Sandstrände. Der Ort wird durch den Vinovol-Kanal vom Festland getrennt, gegenüber liegt Crikvenica.

Durch die Landzunge ‚Punta Šilo' geschützt, ist das Meer vor Šilo ruhig und bietet ideale Bedingungen zum Segeln und Surfen und für andere Wassersportarten. Der kleine Ortsstrand namens Pećine wurde im Juni 2008 mit der Blauen Flagge ausgezeichnet. Auch bei Tauchern ist Šilo beliebt, denn in der Bucht liegt das Wrack der ‚Peltastis', die in der Nacht vom 7. auf den 8. Januar 1968 von einem heftigen Bora-Wind gegen die scharfen Karstfelsen der Küste von Krk getrieben wurde und sank. Acht Matrosen und der Kapitän, der heute auf einem Friedhof in Rijeka liegt, fanden dabei den Tod. Zur Erinnerung an dieses tragische Ereignis wurde der Anker des Schiffs geborgen und an Land als Denkmal aufgestellt.

Gut sechzig Jahre zuvor wurde in Šilo der erste ‚Dampfschiffverein' der Insel gegründet. ‚Dinko Vitezić' hieß das Schiff, das am 1. Juni 1905 losmachte, um nach Crikvenica hinüber zu fahren. Doch in den Anfangszeiten wurde auf den Schiffen nur Sand von der Insel nach Rijeka, Crikvenica oder Opatija transportiert, der aus einer Grube stammte, die sich in der Nähe von Polje befand. Von dort wurde er mit Pferdefuhrwerken an die Küste von Šilo gebracht und weiter auf die Schiffe verladen. Bis die erste Fähre auslief, vergingen noch einmal mehr als fünfzig Jahre. Am 12. April 1959 schließlich hat man die Fährverbindung zwischen Šilo und Crikvenica eröffnet.

Wer nach Punte Šilo spaziert, wird dort eine eigenartige Leiter entdecken, die an der Küste im Grund befestigt wurde und in den Himmel ragt. Man nennt eine solche Leiter Tunera. Tuneren dienten als Aussichtsplattformen zum Thunfischfang, der noch bis zum zweiten Weltkrieg zu den wichtigsten Einnahmequellen der Fischer auf den Inseln der norddalmatinischen und istrischen Küstenstriche gehörte. Vom oberen Ende einer Tunera hatte man einen guten Blick und konnte Thunfischschwärme, die sich im seichten Wasser tummelten, leichter ausmachen. Zwei solcher Leitern sieht man auch in der Bucht bei Bakarac, ein paar Kilometer bevor man die Brücke nach Krk erreicht.

Der Thunfischfang von Tuneren aus wurde bereits im 15. Jahrhundert betrieben. Gefischt wurde mit Netzen.

Šilo richtet während der Sommermonate einige Fischer- und Sportfeste aus. Es gibt Tennisplätze, Beachvolleyball, Möglichkeiten zum Segeln, Tauchen, Fun auf dem Wasser und einen Campingplatz direkt am Meer.

Zu den Sportfesten von Šilo gehört der internationale Schwimm-Marathon, der seit 1910 alljährlich an Maria Himmelfahrt (14. und 15. August) abgehalten wird.

Der ‚Plivački maraton Šilo-Crikvenica‘, wie er offiziell heißt, ist der älteste Schwimmmarathon Kroatiens. Die Schwimmer starten in Šilo und schwimmen über den Kanal nach Crikvenica. Der Schwimmmeister Ivan Blašković Ico, der von 1978 bis 1993 jedes Jahr teilnahm und wegen seines Schmetterlingsstils berühmt war, wurde dabei zur Legende.

Das wohl wichtigste Fest in Šilo ist jedoch das Fest des Hl. Rok, dem Schutzheiligen des Ortes. Es findet immer am 16. August, dem ‚Rokova-Tag‘ statt. Am Morgen wird feierlich ein Netz ausgelegt. Es folgt eine Prozession, die in Polje beginnt, einem kleinen ursprünglichen Dorf, das oberhalb von Šilo liegt, und an der Kirche in Šilo endet. Dann wird bis in die Nacht hinein gefeiert und das Fest mit einem Feuerwerk beendet.

Die Bucht von Soline mit den Orten Klimno, Soline und Čižići

Klimno ist ein stilles Dorf, dessen Einwohner seit Mitte des 19. Jahrhunderts traditionell im Schiffsbau beschäftigt sind. Dort gibt es einen schönen Strand, einen Yachthafen, drei Bootswerften, Bars und Restaurants, Geschäfte, einen Geldautomaten und eine Kirche. Letztere stammt aus dem vierzehnten Jahrhundert und ist dem Heiligen Klement geweiht, nach dem auch der Ort benannt ist. Ihr Reliefaltar zählt zu den Kulturdenkmälern Krks.

Der Ort Soline, der bereits im Jahr 1230 Erwähnung fand, erhielt seinen Namen wegen der Salinen (Anlagen zur Meersalzgewinnung), die dort schon in vorromanischer Zeit bestanden. Später gingen diese ,Salzgärten' in den Besitz der Fürstenfamilie Frankopan über. Soline liegt in einer flachen und sandigen Bucht und hat einen kleinen Hafen. Wanderwege führen durch Wälder ins nahegelegene Umland, zum Beispiel nach Sužan oder Dobrinj.

Zwischen Soline und Čižići, nur ein paarhundert Meter vom Campingplatz Slamni entfernt, gibt es am Strand ,Meline' einige Tümpel mit Heilschlamm (Fango), der für seine Wirkung bei Gicht, Haut- und Rheumaerkrankungen bekannt ist. An diesem Strand wurde in der Antike Sand abgebaut, später gab es hier eine Ziegelfabrik.

Achtung: Der Strand bietet keinen Schatten, deshalb muss man unbedingt einen Sonnenschirm mitnehmen!

Čižići hat nur knapp hundert Einwohner und wurde erst im letzten Viertel des vergangen Jahrhunderts an

Strom, Wasserversorgung und das Straßennetz der Insel angeschlossen. Es gibt keine Hotels, nur Ferienwohnungen, die sich überwiegend in den höhergelegenen Teilen des Dorfes befinden, was einen kleinen Fußmarsch zu den Badestränden voraussetzt. Hat man keine Lust zum Kochen, kann man im Wirtshaus ‚Mala Stem' oder im ‚Tamaris' zum Essen gehen.

In Čižići werden noch Schafe gezüchtet. Die Bauern lassen ihre Tiere auf den kargen Weiden rund um das Dort frei laufen. Im Jahr 2000 wurde ein kleiner Hafen gebaut, er hat allerdings nicht den Status einer offiziellen Marina. Von dort aus werden Bootsausflüge angeboten.

Besichtigen kann man eine kleine Kapelle, die dem Heiligen Anton geweiht ist, und die Ruine der Kirche St. Petar aus dem 16. Jahrhundert. Nur etwa vier Kilometer entfernt von Čižići liegt die Höhle Biserujka. Der kleine Ort Rudine, zu dem die Höhle gehört, blieb beinahe unberührt und sieht noch fast so aus wie im 19. Jahrhundert.

Info für Camper: Der Campingplatz ‚Slamni' ist mit vier Sternen ausgezeichnet. Er befindet sich in einer geschützten flachen Bucht mit Kiesstrand. Anschlüsse für

Wasser, Abwasser und Strom sowie WLAN und Fahrradverleih sind am Platz, alles andere ist in erreichbarer Nähe. Er ist barrierefrei, Hunde sind erlaubt.

Höhle Biserujka

Mehr als fünfzig Tropfsteinhöhlen gibt es auf Krk, doch Biserujka (auch Vitezić-Höhle genannt) ist die einzige, die man besichtigen kann. Sie liegt zwölf Meter unter der Erdoberfläche und an ihrer tiefsten Stelle 53 Meter über dem Meeresspiegel. Die Temperatur in der Höhle beträgt zwischen 13 und 15 Grad.

Von den 110 Metern Gesamtlänge wurden gut 50 Meter begehbar gemacht. Dazu hat man die Wege befestigt und in neuerer Zeit eine elektrische Beleuchtung angelegt. Vorher wurde die Höhle mit Fackeln beleuchtet, was noch an den verrußten Wänden zu erkennen ist.

Die Höhle besteht aus mehreren Sälen, die reich an Stalaktiten, Stalagmiten und Stalagnaten sind. Ein Stalaktit ist ein von der Decke hängender Tropfstein. Das Gegenstück, ein Tropfstein, der sich ihm vom Boden entgegenreckt, nennt man Stalagmit. Wachsen beide zusammen und bilden eine Säule, nennt man das Stalagnat oder auch Sintersäule.

Die Säle werden Balkon, Schacht, Großer Saal, Nordkanal, Saal mit Brücken und Zypressensaal genannt. Im ersten Saal wurde das Skelett eines Bären gefunden, das mehrere tausend Jahre alt ist. Es heißt, dass sich in diesem Teil der Höhle ein Piratenschatz befindet, der bis heute nicht geborgen wurde. Daher rührt auch der Name der Höhle, denn Biser bedeutet auf Kroatisch „Perle". Der letzte Saal trägt den Namen „Zypressensaal", weil die Stalagmiten dort an Zypressen erinnern.

Die Höhle ist für Besucher von April bis November geöffnet. Neben außergewöhnlichen Gesteinsformationen können in ihrem Inneren mit etwas Glück auch seltene Tiere beobachtet werden. Besichtigungen sind nur im Rahmen von Führungen möglich, die während der Hauptsaison etwa alle 15 Minuten stattfinden.

Die Höhle befindet sich 300 Meter nordwestlich der kleinen Ortschaft Rudine, in einer kargen Macchia-Landschaft mit vielen trichterförmigen Erdvertiefungen, Karsttrichter oder Dolinen genannt. Damit man diese außergewöhnliche Landschaft kennenlernen kann, ist die Höhle durch einen Lehrpfad mit der Bucht Slivanjska unterhalb von Rudine verbunden. Man benötigt etwa 30 Minuten für diesen interessanten Weg durch Krks Natur. Aber es führt auch eine ausgeschilderte Teerstraße nach Rudine bzw. zur Höhle.

Vrbnik

Vrbnik sollte man sich unbedingt ansehen. Die Felsenstadt befindet sich im Osten der Insel, an der dem Festland zugewandten Seite. Fährt man von Baška oder Stadt Krk nach Vrbnik, wird man am Kreisverkehr bei Punat abbiegen. Vom Norden oder Malinska aus fährt man, wie nach Dobrinj, über Gabonjin und Kras, dort aber rechts. Man kommt durch einen fruchtbaren Talkessel, in dem seit Ende der 1960er Jahre vor allem die Rebsorte Žlahtina (Schlachtina gesprochen) wächst, aus der der gleichnamige Weißwein gekeltert wird. Dieses Gebiet war ursprünglich ein See, der kurz nach dem Zweiten Weltkrieg trockengelegt wurde, um Land zu gewinnen und der Nahrungsmittelknappheit entgegenzuwirken. Zunächst wurden hier Obst, Gemüse und Getreide angebaut. Erst als genug Grundnahrungsmittel vom Festland auf die Insel kamen, wurden die Rebstöcke gesetzt. Zwar keltert heute nahezu jede alteingesessene Familie Wein, doch nur wenige produzieren für den Vertrieb in großem Maße. Man trinkt ihn selbst und bietet ihn in der Altstadt zur Verkostung und als Souvenir den Touristen an. Nicht immer ist der Wein aus diesen kleinen privaten Weinkellereien wirklich gut, oft hat er eine sehr säuerliche Note. Kauft man ihn aber im Geschäft oder trinkt man ihn in einer Konoba, stammt er aus großen Winzereigenossenschaften und ist sehr süffig.

Auf dem Weg nach Vrbnik, fährt man eine Serpentine hinunter. Nach der zweiten Serpentine gabelt sich die Straße. Dort kann man links Richtung Hafen fahren. An diesem Weg liegen zwei große Parkplätze, und auch am Hafen selbst stehen 80 Parkplätze zur Verfügung – geeignet auch für Wohnwagen.

Fährt man aber nicht links, sondern rechts bzw. geradeaus, kommt man zur Altstadt. Vor der Altstadt gibt es einen kleineren Parkplatz, der allerdings so gut wie immer belegt ist. Biegt man vor diesem Parkplatz an dem kleinen Konsum rechts ab und hält sich dann links, kommt man nach etwa 600 Metern zu einem Parkplatz, der hoch über dem Meer liegt und von dem aus man einen schönen Blick auf Vrbnik hat.

Der alte Festungsort liegt auf einem 48 Meter hohen Felsen, der steil ins Meer abfällt. Schon in vorgeschichtlicher Zeit war Vrbnik besiedelt. Im Jahr 1100 erstmals urkundlich erwähnt, erhielt der Ort 1388 das Selbstverwaltungsrecht. Von da an war er Sitz des Krker Fürstengeschlechts und Zentrum der altkroatischen Schriftkultur, die an verschiedenen Stellen des historischen Ortskerns ihre Spuren hinterlassen hat. Ein

Viertel aller erhaltenen glagolitischen Manuskripte stammen aus Vrbnik.

Den Scharm des Städtchens machen vor allem seine engen Gassen aus. Durch einige kann nicht einmal ein Moped fahren, und manche sind sogar für beleibte Menschen zu eng. Im Gassengewirr rechts des Marktplatzes befindet sich die angeblich schmalste Gasse der Welt – behaupten zumindest die Einwohner von Vrbnik. In der Tat muss man sich leicht zur Seite drehen, um durchzupassen. Bewundernswert ist auch der Einfallsreichtum der Einwohner, die jedes Haus und jeden Durchgang mit viel Fantasie dem Felsen anpassten und mit Blumen, skurrilen Steinen und Gegenständen schmückten.

Zu den Sehenswürdigkeiten des Ortes zählen Kirchen und Kapellen aus verschiedenen Epochen. Die Kapelle Sv. Ivana Krstitelja stammt aus dem frühen 14. Jahrhundert, die gotische Pfarrkirche Maria Himmelfahrt (Sv. Marija), mit einem großen Deckengemälde, das von einer Kassettendecke umrahmt ist, aus dem 15. Jahrhundert. In der Stiftskapelle von Maria Himmelfahrt ist ein Rosenkranzaltar nennenswert, auf dem u.a. der Stifter Ivan Frankopan mit seiner Frau Elisabeth und die 1505 erbaute Kapelle Sv. Marije od Uznesnja zu sehen sind. Der separat stehende Renaissance-Glockenturm, in dem sich ein Museum befindet, wurde im Jahr 1527 fertiggestellt.

Geht man vom kleinen Parkplatz auf der Ul. Vitezićeva (linke Gasse) geradeaus in die Stadt, kommt man zuerst an der Kapelle des einstigen Friedhofs vorbei (rechts). Sie wurde 1671 erbaut. Ein Blick hinein lohnt sich, sie hat einen schönen Barockaltar. Etwa dreißig Meter weiter, dort wo sich der Hauptplatz des Ortes öffnet, gab es einmal ein Stadttor, das jeden Abend geschlossen wurde. Das war im 14. Jahrhundert, als die Frankopanen Vrbnik zu einem Kastell ausbauten. Doch bald stellte man fest, dass wegen der exponierten Lage der Stadt eine Befestigung unnötig war, also benutzte man die Steine der Stadtmauer zum Bau von Wohnhäusern, und damit wurde auch das Tor überflüssig. Kleine Reste der Stadtmauer kann man heute nur noch vom Meer aus erkennen.

Schlendern Sie einfach durch die Gassen und genießen Sie die schönen Ein- und Ausblicke in Innenhöfe, auf Treppen, Tore und Gassen und über das Meer. Hinweisschilder führen Sie auch zur ‚Schmalsten Gasse der Welt‘.

Wer sich für Bücher und Buchdruck interessiert, sollte sich die Bibliothek der Familie Vitezić im ehemaligen

Fürstenhaus ansehen, die bereits 1910 der Öffentlichkeit zugänglich gemacht wurde. Dinko Vitezić (1822-1904), der im Wiener Abgeordnetenhaus für die Rechte Kroatiens kämpfte, und sein Bruder, der Krker Bischof Ivan Vitezić, haben eine wertvolle Bibliothek zusammengetragen und nach ihrem Tod der Stadt hinterlassen. Unter den Büchern befinden sich Werke in glagolitischer Schrift aus dem 14. und 15. Jahrhundert, das erste Vrbniker Messbuch aus dem 15. Jahrhundert, Zeitungen und Zeitschriften, Schallplatten und Korrespondenz von Dr. Dinko Vitezić. Prunkstück der Sammlung ist der ‚Atlas Scolasticus et Itinerarius‘ von Johann David Kochler. Er wurde 1718 in Nürnberg gedruckt und beinhaltet allegorische Drucke, Kartenmaterial und Bildern von Waffen und Segelschiffen. Es existiert neben diesem nur noch ein Exemplar, das sich in England befindet. Auch eine Renaissancebuchdruckerei und ein kleines Heimatmuseum sind im Haus der Familie Vitezić zu sehen. Der erste kroatische Buchdrucker hieß übrigens Blaž Baromić und kam aus Vrbnik.

Adresse: Vrbničkog statuta 4.

Bischof Ivan Vitezić, der Bruder von Dr. Dinko Vitezić, war nicht der einzige hohe Geistliche, den die Stadt hervorbrachte. Die Einwohner von Vrbnik sind von alters her tief religiös. Über 500 römisch-katholische

Priester kamen im Laufe der Zeit aus diesem Ort, darunter einige Bischöfe und auch Josip Božanić, der im Oktober 2003 von Papst Johannes Paul II. zum Kardinal von Kroatien ernannt wurde.

Da die Ostküste in dieser Gegend steil abfällt, gibt es nur wenige Badestrände in der Nähe Vrbniks. Unmittelbar unter der Altstadt und vom Hafen aus erreichbar liegt der kleine Strand Pod kovač. Der Kiesstrand Zgribnica mit teils betonierten Zugängen liegt nördlich des Ortes. Kozica ist eine Kiesbucht, zu der man vom großen Parkplatz am südlichen Ortsrand etwa zehn Minuten durch einen Pinienwald geht. Man fährt zu diesem Parkplatz vor dem kleinen Altstadtparkplatz rechts und hält sich dann links. Von dort hat man auch einen schönen Blick auf die raue Ostküste.

Wegen der steil abfallenden Küste ist Vrbnik bei Tauchern sehr beliebt. An manchen Stellen steigt man vom Land aus ins Wasser und taucht sofort tief hinunter. Eine große sogenannte ‚Hausrifftauchstation‘ gibt es am Hafen (Tauchbasis Dive Loft Krk). Es können insgesamt vier verschiedene Hausriff-Tauchplätze betaucht werden, und auch Kinder dürfen in Begleitung speziell ausgebildeter Kindertauchlehrer die Unterwasserwelt erkunden.

Feste in Vrbnik

Am Karfreitag singt die Bruderschaft Kapari, die seit dem 14. Jahrhundert besteht, in der Pfarrkirche mittelalterliche Passionsgesänge.

Am 24. Juni wird in Vrbnik Johannestag (Ivanja) gefeiert. Das Fest beginnt morgens mit einer Messe in altkroatischer Sprache und endet am Abend auf der Placa Škujica mit einem großen Fest.

Am ersten Sonntag im Juli findet der ‚razgon' statt – ein alter Hirtenbrauch. An diesem Tag werden die Schafe zum letzten Mal gemolken und danach auf die Weiden gelassen. Man kann heimischen Käse kaufen, der Schafsschur beiwohnen und sich an einem unterhaltsamen Programm erfreuen.

Am letzten Augustwochenende sind Weintage. Dann kann man nicht nur die Weine von Vrbnik verkosten, es wird auch jedes Jahr der Wein einer anderen Region Kroatiens vorgestellt. Aber Achtung – für Autofahrer gilt in Kroatien absolutes Alkoholverbot!

Die Adresse der Touristeninformation lautet: Placa Vrbnik Nr. 4. Sie finden Sie, wenn Sie am kleinen Parkplatz vor der Altstadt vorbei und dann nach der Kneipe rechts und nochmal rechts gehen.

Inselinfos

Krk mit Rollstuhl

Mit dem Rollstuhl Urlaub auf Krk zu machen ist nicht unmöglich, aber auch nicht einfach. Zwar gibt es einige barrierefreie Hotels und behindertengerechte Campingplätze, die im Großen und Ganzen die Vorgaben erfüllen, doch viele Kies- und Felsstrände sind auch mit Hilfe eines kräftigen Schiebers für Rollis nicht zu bewältigen. In diesem Sinne ist der Hinweis ‚rollstuhlgerecht' gerade auf Campingplätzen, die am Hang liegen, mit Vorsicht zu genießen. Deshalb sollte man vor Buchung Kontakt mit dem Hotel/Campingplatz und der Touristeninformation aufnehmen, um herauszufinden, ob das Hotel (der Campingplatz) an einem steilen Hang liegt, wie die Straßenverhältnisse und Fußwege zum Strand oder ins Zentrum sind (Gehwege mit vielen Stufen usw.).

Wer sich die Insel ansehen möchte, muss das mit dem eigenen Auto tun, denn die Busse sind nicht behindertengerecht ausgerüstet. Will man auch mal an einer der vielen Bootstouren teilnehmen, sollte man sich das Boot vor der Buchung ansehen. Zwar sind die Crewmitglieder gerne bereit, einem Rollstuhlfahrer an

Bord zu helfen, doch dort ist die Bewegungsfreiheit meist sehr eingeschränkt.

Die meisten größeren Touristenorte haben einen Hafen mit einer befestigten Mole. Da kann man auch mit dem Rolli gemütlich fahren, in Kneipen und Restaurants sitzen, das Treiben beobachten – man sollte jedoch zuvor im Hotel zur Toilette gegangen sein.

Fazit: Wer einen kräftigen Helfer hat und bereit ist, Hindernisse hinzunehmen und auf einigen Komfort zu verzichten, der kann auf Krk einen interessanten Urlaub erleben.

Hier die barrierefreien Strände auf Krk – sie liegen alle an der Westküste oder im Süden der Insel:

Plaza Pesja - Omišalj
Plaza Jadran in der Nähe des gleichnamigen Hotels - Njivice.
Plaza Pecine - Malinska
Plaza Rupa - Malinska
Plaza Porporela Jezevac - Krk
Vela Plaza – Baška

Tipp: Vergessen Sie nicht, für den Strand breite Reifen für den Rolli einzupacken und den Rolli salzwasserfest zu machen. Wenn Sie mit dem Rollstuhl im Wasser waren, muss er anschließend abgespült werden, um das Verrosten und Festbacken zu vermeiden. Wieder zu Hause sollte er generalgesäubert werden.

Tauchen mit Behinderung – auch das ist möglich. Suchen Sie bereits im Vorfeld und von zu Hause aus nach einer Tauchbasis mit einem geeigneten erfahrenen Tauch-Betreuer. Meist haben nur große Tauchschulen die Berechtigung zum Tauchen mit bewegungseingeschränkten Personen. Diese Berechtigung sollte man sich zeigen und auch schriftlich bestätigen lassen, dass im Schadensfall Versicherungsschutz besteht.

Auf Krk mit Hund

An den offiziellen Badeständen der Urlaubsorte sind Hunde und andere Haustiere meist nicht erlaubt. Für Urlaubsgäste mit Hund wurden aber vielerorts Hundestände ausgewiesen. Auch an sogenannten ‚Wilden Stränden‘ wird man Sie nicht wegschicken. Mindestentfernung zum offiziellen Badestrand sind jedoch 100 Meter.

Folgende Regeln sind verbindlich: Die Hinterlassenschaften Ihres Tieres müssen Sie beseitigen, Kottüten müssen Sie selbst mitbringen. Es herrscht grundsätzlich Anleinpflicht. In öffentlichen Verkehrsmitteln muss Ihr Hund einen Maulkorb tragen, unabhängig von Größe und Rasse.

Für folgende Rassen gilt grundsätzliche Maulkorbpflicht in ganz Kroatien: Dobermann, amerikanischer Staffordshire Terrier, Pitbull Terrier, Bullterrier, Dogge, deutscher und belgischer Schäferhund, Rottweiler, japanischer Kampfhund, großer japanischer Spitz, Mastino, Bernhardiner und alle Kreuzungen mit diesen Hunden.

Im Allgemeinen steht einem Restaurantbesuch mit Ihrem Hund nichts im Wege. Die Kroaten sind tierlieb, und in vielen Restaurants bekommt Ihr Hund eine Wasserschale angeboten. Aber auch hier gilt anleinen.

Zwingend: Haustiere benötigen einen EU-Pass mit gültiger Tollwutimpfung, der Hund muss gechipt sein, der Chip muss mit der Nummer im EU-Pass übereinstimmen.

Empfehlenswert: Schadens-Notfallnummer Ihrer Hundeversicherung und Notiz mit der Chip-Nummer, Halsband mit Namensanhänger (internationale Rufnummer) sollten Sie dabeihaben, ebenso Zeckenschutz, eventuell Medikamente und Kotbeutel. Falls Sie Bootstouren unternehmen wollen, eine Schwimmweste, für den Strand eine Strandmuschel, damit Ihr Hund im Schatten liegen kann.

Tipp: Nehmen Sie genug von seinem gewohnten Futter mit, denn möglicherweise bekommen Sie das auf Krk nicht. Und denken Sie an Wasser für unterwegs.

Touristeninfos

Man sieht auf Krk sehr viele ‚Tourist Agencies'. Das sind private Agenturen, die Zimmer oder Ausflüge vermitteln und auch Bus- oder Bootstickets verkaufen aber keine Auskünfte anderer Art geben. Die offiziellen Touristenbüros liegen manchmal sehr versteckt und sind nur schwer zu finden. Hier einige Adressen:

Tourismusverband der Insel Krk (Comunità turistica dell'isola di Krk)

Adresse: Trg sv. Kvirina 1 / 51500 KRK, pp 46 / Tel. 00385-51-221-359 / Fax. 00385-51-222-336 / E-Mail: tz-otoka-krka@ri.t-com.hr

Tourismusverband der Gemeinde Baška: Tel. 051/856 817, 856 544 / E-Mail: tz-Baška@ri.t-com.hr

Tourismusverband der Gemeinde Vrbnik: Placa Vrbnik statuta 4 / 51516 Vrbnik, Tel. / Fax. 857-479 / E-Mail: info@vrbnik.hr

Von zu Hause aus: Kroatische Zentrale für Tourismus in Deutschland / Stephanstraße 13 / 60313 Frankfurt am Main / Tel. 0049-69-2385350 / Fax 0049-69-23853520

Bei den Touristeninfos erhalten Sie auch kostenloses Kartenmaterial.

Zeitumstellung und Klima

In Kroatien gilt die Mitteleuropäische Zeit (MEZ). Wie in Deutschland, Österreich und der Schweiz werden Ende März die Uhren zur Sommerzeit um eine Stunde vorgestellt und Ende Oktober wieder zurückgestellt.

Mit 2500 Sonnenstunden pro Jahr zählt die Insel zu den sonnigsten Gegenden Europas. Es herrscht ein mediterranes Klima mit gemäßigten Temperaturen. Die Sommer sind trocken und mit etwa 30° C angenehm warm.

Im Winter fallen Niederschläge und sinken die Temperaturen auf etwa 6° C. An manchen Tagen und in manchen Gegenden kann es auch mal kälter werden und sogar schneien.

Im Winter kann die Bora (kroatisch Bura), ein kalter und böiger Fallwind, Orkanstärke erreichen. Bora-Winde zählen zu den stärksten der Welt. Einzelne Böen bauen hier Spitzengeschwindigkeiten von bis zu 250 km/h auf. Sie entstehen, wenn sich die kältere kontinentale Luft mit der wärmeren über dem Meer vermischt. Auch der Schirokko, ein heißer Wüstenwind, fegt beizeiten über Krk hinweg.

Für Tapfere sind die Wassertemperaturen ab Mitte Mai warm genug zum Baden (etwa 20° C). Im Juli/August erreichen sie +/- 25° C. Auch im September lässt es sich im Meer noch aushalten. Im Winter sinken die Wassertemperaturen dann auf 10° C ab. Allgemein ist das Meer an sehr flach abfallenden Stränden wärmer.

Einkaufen

Lebensmittel sind teilweise günstiger, teilweise aber auch teurer als in Deutschland oder Österreich. Man kauft sie in Supermärkten, die an größeren Ausfallstraßen liegen. In den Ortschaften gibt es meist nicht viel mehr als die üblichen Souvenirs, Eis oder Getränke.

Achtung: Wenn Sie Getränke in Pfandflaschen kaufen, müssen Sie den Bon als Quittung bewahren, denn Flaschen werden, anders als bei uns, nur dort zurückgenommen, wo sie gekauft wurden!

In Krk und Baška gibt es einige Souvenirboutiquen, die etwas Besonderes zu bieten haben, darunter auch Juweliere. Ansonsten kann man in jedem Touristenort die üblichen Dinge wie T-Shirts, Badeschlappen oder Sonnenbrillen finden. In größeren Orten und am Kreisverkehr auf der Nord-Süd-Trasse bei Malinska gibt es an Ständen Honig, geräucherten Schinken, Lavendelseife, Modeschmuck, Schnäpse, Liköre, Oliven oder Olivenöl, Schafs- und Ziegenkäse oder Wein aus Vrbnik. Er heißt ‚Zlahtina' - gesprochen wird das Schlachtina. In Vrbnik selbst gibt es den Wein in schönen Verpackungen oder auch günstig vom Fass im Kanister abgefüllt.

Die Bestimmungen für die Rücknahme von Pfandflaschen sind in ganz Kroatien, und damit auch auf den kroatischen Inseln, folgendermaßen:

Für alle PET-Flaschen und Dosen, Glas-Bierflaschen, Milch und die 5-Liter Wasserflaschen, sowie Wein- und Schnapsflaschen sollte man bezahltes Pfand wieder zurückerhalten. Allerdings nur in den Läden, in denen man sie gekauft hat und gegen Vorlage des Kaufbons.

In vielen Supermärkte, z.B. bei einigen Billa- oder Plodine-Märkten, gibt es im Geschäft neben einer Tür einen Klingelknopf, den man drückt. Dort nimmt ein Mitarbeiter die Flaschen an, händigt im Gegenzug einen neuen Bon aus, den man dann an der Kasse abgibt. Gibt es so eine Rücknahmestation nicht, wie z.B. bei Lidl, fragt man eine VerkäuferIn oder die KassiererIn. Kaufland hat in den meisten Geschäften ein separates Häuschen zum Eintausch. Bei Plodine befindet sich meist vor dem eigentlichen Einkaufsbereich ein Automat, an dem man Kästen zurückgeben kann. Doch alles immer nur, wenn man den Einkaufsbon vorlegen und damit beweisen kann, dass man den Kasten (die Flaschen) in diesem Geschäft gekauft hat.

Doch Achtung! Kleineren Läden, die eine bestimmte Verkaufsfläche unterschreiten, nehmen nichts zurück, nicht einmal im Tausch! Sie scheinen dazu auch nicht verpflichtet zu sein, weil sie keine entsprechende Lagerfläche zur Verfügung haben.

Aber - leider gibt es auch in größeren Märkten hin- und wieder Problem mit der Rücknahme von Leergut. Einen leeren Kasten gegen einen vollen umtauschen ist zwar nie ein Problem, doch das Leergut abgeben und Geld zurückbekommen, kann schon mal schwierig sein. Vielleicht stellen sich manche VerkäuferInnen in der Hoffnung dumm, dass der Kunde das Leergut dann da lässt …

Wer reist, vor allem wenn er sich in südliche oder ehemalige Ostblockländer begibt, muss damit rechnen, dass nicht alles so funktioniert, wie er das bei uns gewöhnt ist. Dann nimmt man das am besten mit Humor.

Feiertage

Es gibt dreizehn gesetzliche Feiertage, an denen die Geschäfte und Museen geschlossen sind und der Fährverkehr in der Regel eingeschränkt ist.

1. Januar - Neujahrstag (Nova godina)

6. Januar - Heilige Drei Könige (Sveta tri kralja)

8. April - Ostermontag (Uskrsni blagdani)

1. Mai, Tag der Arbeit (Praznik rada)

7. Juni - Fronleichnam (Tijelovo)

22. Juni - Tag des antifaschistischen Kampfes (Dan antifašističke borbe)

25. Juni - Staatsfeiertag (Dan državnosti)

5. August - Nationalfeiertag (Dan pobjede i domovinske zahvalnosti)

15. August - Mariä Himmelfahrt (Velika Gospa)

8. Oktober - Unabhängigkeitstag (Dan neovisnosti)

1. November - Allerheiligen (Svi sveti)

25. Dezember 1. Weihnachtsfeiertag (Božić)

26. Dezember 2. Weihnachtsfeiertag (Blagdan svetog Stjepana)

Wasser und Strom

Die Infrastruktur der Insel ist gut entwickelt. Im Gegensatz zu früher gibt es keine Einschränkungen im Wasserverbrauch mehr. Das Trinkwasser stammt aus Inselquellen, das Wasserleitungsnetz ist modern und fortschrittlich. Das Leitungswasser in Kroatien unterliegt strengen Kontrollen und kann in allen Landesteilen bedenkenlos getrunken werden.

Die Strände von Krk zählen zu den saubersten im gesamten Mittelmeerraum, das Wasser ist glasklar. Um sich gegen Seeigel zu schützen, sollte man im Meer Badeschuhe tragen!

Netzspannung beträgt wie in Westeuropa 220 Volt Wechselspannung (Frequenz 50 Hz). Adapter für Steckdosen sind in Kroatien nicht notwendig, zweipolige Euro-Stecker sind Standard.

Post, Telefon und Internet

Telefon –

Internationale Vorwahl für Kroatien – Festnetz 00385 / Mobil +385

Festnetz 0049 International Deutschland / Mobil +49

Festnetz 0043 International Österreich / Mobil +43

Festnetz 0041 International Schweiz / Mobil +41

Achtung: Bei Gesprächen aus dem Ausland fällt die 0 der Ortsvorwahl weg! Bei Telefonaten innerhalb Kroatiens wird die Ortsvorwahl mit 0 gewählt.

Öffentliche Telefonzellen können nur mit Telefonkarten benutzt werden, erhältlich in Postämtern, Tabakläden und Zeitungskiosken.

Tipp: Wer mit seinem Handy oft telefonieren will, besorgt sich am besten eine kroatische Prepaid-Karte, über die Gespräche bedeutend günstiger sind.

Post -

Postämter sind an einem blaugelben Schild mit der
Aufschrift HP zu erkennen. Dort erhält man Briefmarken (Poštanska Marka) und Telefonkarten und kann
man auch Faxe verschicken. Die meisten Postämter haben an Werktagen von 7 bis 19 Uhr geöffnet, in kleineren Orten nur vormittags.

Portokosten für eine Postkarte sind etwas günstiger als
für einen Brief. Briefmarken sind auch in Zeitungslä-
den, Souvenirshops und Hotels erhältlich.

Internet -

Kostenlose Hotspots gibt es in vielen Hotels und an
vielen Campingplätzen, sowie im Internetcafé
World66 rating, in der Šetalište sv. Bernardina 6, Stadt
Krk (Nähe Busbahnhof). Man kann dort außerdem ko-
pieren, drucken, chatten, CDs brennen und natürlich E-
Mails schreiben.

Geöffnet von 09:00-22:00 Uhr. / Tel: : +385 51 222 300

In Malinska gibt es ebenfalls ein Internetcafé (Caffe
Bar Kapo-Štacija, dubašljanska ulica), und auch einige
Tourismusagenturen bieten Internetplätze an.

Öffentliche Verkehrsmittel

Am einfachsten ist es, die Insel mit dem Auto zu erkunden. Wer auf öffentliche Verkehrsmittel angewiesen ist, dem steht der Inselbus zur Verfügung. Während der Hauptsaison fährt er alle ein bis zwei Stunden über die Hauptstraße von Norden nach Süden bzw. umgekehrt. An den Haltestellen, die grundsätzlich an zentralen Plätzen liegen, informieren Infotafeln über Abfahrzeiten. Die Fahrscheine kann man entweder direkt im Bus kaufen oder im Voraus bei den Tourist Agencies (nicht zu verwechseln mit den offiziellen Touristeninfos).

Fähren zu den Nachbarinseln

1. Fährverbindung Merag (Insel Cres) - Valbiska (Insel Krk):

In der Hauptsaison (Juni, Juli, August, September) setzt die Fähre von Merag alle 1-2 Stunden von Merag auf die Insel Krk über. Die Tickets können nicht vorreserviert, sondern nur direkt vor Ort am Abfahrthafen gekauft werden.

2. Fährverbindung Lopar (Insel Rab) - Valbiska (Insel Krk):

Die Überfahrt dauert ca. 2 Stunden. Man sollte mindestens eine halbe Stunde vor dem Ablegen ein Ticket kaufen, um auf die Fähre zu gelangen.

Geld abheben

Seit dem 1.1.2023 bezahlt man auch in Kroatien nicht mehr mit Kuna, sondern mit Euro.

Bankautomaten, an denen Touristen mit der EC-Maestro-Card oder Kreditkarte Bargeld abheben können, gibt es in allen größeren oder von Touristen stark frequentierten Orten. Ausländische Kreditkarten werden in den meisten Hotels, Tankstellen, größeren Restaurants und Geschäften akzeptiert.

Im Allgemeinen haben Banken wochentags von 7 bis 19 und an Samstagen von 7 bis 13 Uhr geöffnet.

Zoll/ Mehrwertsteuer

Zollfrei nach Kroatien eingeführt werden dürfen 200 Zigaretten, 1 Liter Spirituosen und 2 Liter Wein. Die gleichen Freimengen gelten bei der Ausfuhr nach Deutschland, Österreich und in die Schweiz. Wertvolle Gegenstände wie Tauchausrüstung, Boote und Kamera-Ausrüstungen müssen bei der Einreise nach Kroatien deklariert werden. Die Ein- und Ausfuhr der Landeswährung ist beschränkt.

Urlauber haben die Möglichkeit, sich beim Kauf teurerer Artikel die Mehrwertsteuer erstatten zu lassen.

Doch für die Steuer-Rückerstattung an der Grenze müssen Sie bei der Ausreise das vom Händler bestätigte Formular Tax cheque (Poreski ček) vorlegen.

Was tun wenn ... Tipps, Telefonnummern und Adressen für Notfälle

Gesundheit

Für Reisen nach Kroatien sind keine Impfungen vorgeschrieben.

Landesweit besteht das Übertragungsrisiko von Lyme-Borreliose durch Zecken im Unterholz, deshalb wird bei Wanderungen angeraten, sich mit entsprechender Kleidung und insektenabweisenden Sprays zu schützen. Gewarnt wird auch vor Bissen der giftigen Hornotter, die warme Plätze wie Geröll- und Blockhalden oder Waldränder bevorzugt. Doch die Tiere sind scheu und verziehen sich sofort. Sollte es trotzdem zu einem Biss kommen, müssen Sie umgehend einen Arzt aufsuchen! Man erkennt die Hornotter an ihrem gedrungenen Körper mit kurzem Schwanz, dem auffälligen Zickzack- bzw. Rautenmuster, dem breit abgesetzten Kopf und einem kleinen Horn an der Schnauze. Alle anderen Schlangen, die es auf Krk gibt, sind ungiftig.

Die medizinischen Standards sind gut. In größeren Urlaubsorten findet man deutsch- oder englischsprechende Ärzte und Apotheker. Adressen erhält man bei den Touristeninformationen und Reiseveranstaltern sowie in Hotels.

Ambulanzen gibt es in Dobrinj, Malinska, Baška und Šilo, ein Krankenhaus in Stadt Krk, in der Dom Zdravlja Pgz. Die Ambulanz in Šilo verfügt auch über eine Zahnarztpraxis.

Zwischen Deutschland und Kroatien besteht auf dem Gesundheitssektor ein Länderabkommen. Die meisten Ärzte rechnen über die Karten der Krankenkassen ab. Wenn nicht, müssen Sie die anfallenden Behandlungskosten in bar bezahlen und im Nachhinein mit Ihrer Krankenkasse abrechnen. Dasselbe gilt für Hilfsmittel. Privat Versicherte, Schweizer und Österreicher sollten vor der Abreise prüfen, welche Leistungen ihre Kasse im Ausland übernimmt.

Notfallnummern und Botschaften

Gut zu wissen: Wählt man im Ausland mit einem deutschen Handy eine Nummer, wird man nicht in einem deutschen Netz registriert, sondern in dem des Landes, in dem man sich befindet. Das Handy bekommt dann eine temporäre, ausländische Nummer zugewiesen, auf die die deutsche Nummer umgeleitet wird. Bei abgehenden Anrufen wird die temporäre Nummer durch die

deutsche Nummer ersetzt. All das passiert GSM- netz-
intern, der Kunde bekommt davon nichts mit. So kann
er aber alle landesspezifischen Nummern wählen, auch
gebührenfreie Nummern oder Sonderrufnummern, die
nur im jeweiligen Land erreichbar sind. Das Anwählen
einer Notrufnummer wird demnach genauso gehand-
habt wie bei einem inländischen Handy.

Notrufnummern:

112 Einheitsnummer für alle Notfälle (auch im Krank-
heitsfall)

92 Polizei

93 Feuerwehr

94 Erste Hilfe

9155 Seenotruf

Deutsche Botschaft in Zagreb - Telefon 00385 1 6300
100, nur in Notfällen 00385 9 8227 136

01 4834 457 Österreichische Botschaft in Zagreb

01 4878 800 Schweizerische Botschaft in Zagreb

Falls Ihre Geldkarte verloren ging

Es gibt einen allgemeinen Sperr-Notruf, der aus dem In- und Ausland unter der Nummer (0049) 116 116 erreichbar ist. In Fällen, in denen der ausländische Telefonanbieter diese Nummer nicht verarbeiten kann, steht alternativ die 0049 3040504050 zur Verfügung. Sprach- oder Hörgeschädigte können unter der gleichen Nummer auch eine Sperrung per Fax veranlassen.

Speziell für Euro/Master Card sperren unter Telefon 0049-69-79331910 oder im Notfall als R-Gespräch 001-314-275-6690

Speziell für Visa sperren unter Tel. 800-819-014 oder im Notfall als R-Gespräch 001-303-967-1096

Schweizer wenden sich bei Verlust oder Diebstahl von Karten, Dokumenten oder Handys (SIM-Karte) oder bei Zwischenfällen rund um Autoschlüssel und -radios an die Telefonnummer +41 58 827 22 20 (24 Stunden).

Sperr-Notruf für Master Card (Schweiz) 0800 897 092

Österreicher wenden sich bei Verlust der Kreditkarte an folgende Telefonnummern: Visa: +43 1171111-770

+43 1204 8800 Sperr-Notruf für EC-/Kreditkarten

Pay Life: +43 1717014500

Pannen- und Notfallhilfe der Automobilclubs

00385 1987 Pannenhilfe bei Anruf mit dem Handy

01 4640 800 Kroatischer Autoclub HAK

Leistungen werden in bar oder mittels eines Kreditbriefes ausländischer Automobilclubs bezahlt.

ADAC - bei Fahrzeugschaden
telefon-icon.gif 0049 89 22 22 22

bei Erkrankung und Verletzung
telefon-icon.gif 0049 89 76 76 76

In vielen Urlaubsländern betreibt der ADAC eigene Notrufstationen mit deutschsprechenden Mitarbeitern. An diese werden Sie automatisch von der Zentrale in München weiterverbunden.

Auch für Gehörlose und Sprachbehinderte hat der ADAC einen Service eingerichtet: Unter Faxnummer 0049 8191 938 303, die auch per SMS vom Handy aus angewählt werden kann, ist rund um die Uhr schnelle Hilfe sichergestellt.

Falls Sie kein modernes Handy haben, müssen Sie folgende Nummer wählen:

D1 (T-Mobile) + 49 99 08191 938 303

D2 (Vodafone) + 49 99 08191 938 303

O2 (Viag Interkom) + 49 329 08191 938 303

E-Plus + 49 1551 08191 938 303

ÖAMTC - Tel: 0043 12512000 – Notruf und Rechtsberatung.

TCS - Dringende Assistance-Anfragen rund um die Uhr: Einsatzzentrale ETI / Chemin de Blandonnet 4 / CP 820 1214 Vernier
Tel: 0041 58 827 22 20 / Fax: 0041 58 827 50 12

E-Mail: eti@tcs.ch. Bei einem medizinischen Notfall im Ausland unverzüglich die ETI Einsatzzentrale benachrichtigen!

Autofahren auf Krk

Falls Sie kontrolliert werden, benötigen Sie einen EU-Führerschein, Ihren Pass, den Kraftfahrzeugschein oder eine Mietwagenbescheinigung, den Kfz-Versicherungsnachweis (grüne Karte), und falls Sie ein fremdes Fahrzeug fahren, eine Vollmacht des Eigners. Mitgeführt werden müssen: Warndreieck, Verbandskasten, Ersatzglühbirnen und Warnweste.

Achtung: Die Promillegrenze liegt bei 0.00 %!

Desweitern gilt ganzjährige Lichtpflicht und Anschnallpflicht für alle Insassen. Kindersitz oder Sitzerhöhung für Kinder bis 5 Jahre sind vorgeschrieben. Kinder auf dem Vordersitz müssen mindestens zwölf Jahre alt sein. Jugendliche unter 18 Jahre dürfen nicht am Steuer sitzen!

Spikereifen sind verboten!

Für PKW gelten in Kroatien folgende Höchstgeschwindigkeiten: 50 km/h in geschlossenen Ortschaften. Auf Landstraßen 90 km/h, auf Landstraßen mit getrennten Fahrbahnen 110 km/h, auf Autobahnen 130 km/h.

Vorsicht, Unfallgefahr! Bei Regen ist auf Krk besondere Vorsicht und langsames Fahren geboten. Nach langer Trockenheit bildet sich auf den Straßen, die nicht immer einen modernen, griffsichern Belag haben, ein Schmierfilm, und man kommt leicht ins Rutschen.

Die meist sehr engen Gässchen in den Ortschaften erfordern rücksichtsvolles Fahren und parken! Auch kleine Straßen, die von den Hauptverkehrsstraßen wegführen, sind manchmal so eng, dass man mit einem PKW gerade so durchpasst. Wer sich mit einem Camper auf solche Wege wagt, riskiert, stecken zu bleiben.

Die Benzinpreise sind im europäischen Vergleich günstiger als in der Schweiz und in Deutschland, mit Österreich liegen sie etwa gleichauf. Tankstellen gibt es in Malinska, Krk, Baška und an der Hauptstraße zwischen Malinska und Krk (24-Stunden-Dienst), sowie zwischen Krk und Punat. Die Tankstelle in Malinska bietet auch Autogas an.

Essen und Trinken

Die Krker Küche ist unverkennbar von der italienischen beeinflusst. In Restaurants, Tavernen und Konobas bekommt man überall die typisch zubereiteten Fischgerichte und Meeresfrüchte, die allerdings nicht mehr unbedingt aus den eigenen Fischgründen stammen. Das Lammfleisch kommt meist von der Insel, auch der Schafskäse und der Räucherschinken.

Ursprünglich waren Konobas Restaurants nach guter alter, dalmatinischer Tradition. Hier traf man sich, um Wein zu trinken, zu essen, zu diskutieren und zu singen. Teilweise (leider immer seltener) sind es auch heute noch Familienbetriebe, wo die Frau des Hauses kocht. Auf den Tisch kommen in diesen traditionellen

Konobas Tintenfischsalat, Salzfische, Polenta mit Brodetto oder Gulasch und Lammfleisch mit Surlice - das sind landestypische Nudeln.

Für alle Nudelfans hier das Rezept von Surlice

Aus 500 g Mehl, 250 ml Wasser, einer Prise Salz, einem Esslöffel Olivenöl, einem Ei und einem Eigelb knetet man einen geschmeidigen Teig, firnt ihn zu einer Kugel und lässt ihn zugedeckt eine Stunde kühl stehen. Anschließend etwa walnussgroße Stücke abnehmen und ausrollen. Über einer Stricknadel (jawohl!) zu einer Art Makkaroni rollen. Etwas trocknen lassen und ca. 2 Minuten in kochendem Salzwasser garen. Sie schmecken zu allem, was Sauce hat.

In Kroatien ist es unter Einheimischen üblich, vor dem Essen zu getrockneten Feigen einen Kräuterschnaps (Travarica) oder verschiedene andere Schnäpse (rakija) zu reichen. Sie werden aus den Krker Trauben gebrannt, aus denen auch der ‚Vrbnika Žlahtina‘, ein trockener Weißwein, gekeltert wird. Zum Essen wird meistens Wein oder Weinschorle (Bevanda) getrunken. Der Žlathina passt hervorragend zu allen Fischgerichten. Wer süße Dessertweine mag, sollte seine Mahlzeit mit einem Gläschen Prošek oder einem Kupinovo vino (Brombeerwein) beschließen.

Biertrinker haben die Wahl zwischen kroatischen Sorten wie Karlovačko oder Velebitsko und internationalen Marken. Die bayerische Schlossbrauerei Kaltenberg unterhält eine Niederlassung in Split.

In Restaurants gibt man bei gutem Service ein Trinkgeld von etwa 10 Prozent des Rechnungsbetrags. Auch Angestellte in Hotels und Zimmermädchen wissen ein Trinkgeld zu schätzen und Taxifahrer freuen sich, wenn der Gast den Fahrpreis aufrundet.

Boot fahren und Tauchen

Mit dem Schlauchboot kann man entlang der Inselküste schöne Ausflüge unternehmen. Ein Bootsführerschein ist jedoch zwingend notwendig! Es wird kontrolliert, die Strafen sind hoch.

Eine Bootstankstelle finden Sie in Punat und Krk. Für Motorbootfahrer, die an der Ostküste der Insel unterwegs sind, bieten sich auch die Tankstellen in Crikvenica und Novi Vinodolski als Anlaufstellen an.

Wer Tauchen will, muss eine Tauchlizenz erwerben (ca.15 Euro). Es lohnt sich, denn die Unterwasserlandschaft vor Krk mit Riffen, Höhlen und Schiffswracks ist beeindruckend.

Mehr zum Tauchen auch im Artikel über Vrbnik und bei DIVE CENTER KRK

Wandern auf Krk

Auf der Insel gibt es etwa 300 km Wanderwege. Um sich darüber zu informieren, kauft man am besten auf Krk selbst eine Wanderkarte. In den meisten Souvenirläden in Krk-Stadt oder in den Postämtern erhält man eine Karte im Maßstab von 1:50000. Und bei den Fremdenverkehrsämtern auf der Insel wird eine Wanderkarte im Maßstab 1:3150verkauft.

Achtung: Tragen Sie unbedingt gutes Schuhwerk, auch um gisch gegen Zecken und Schlangen zu schützen! Mehr dazu im Artikel ‚Gesundheit‘.

Es gibt einen Wanderverein auf Krk. Die Webseite http://www.pd-obzova.hr/ ist auf Kroatisch. Anschreiben über den Kontaktlink auf Englisch ist möglich.

Auch der ‚Turm‘ bietet Wanderungen auf vielen Routen und Unterbringung an.

https://www.turm-krk.de/de/aktivitaeten/wandern

Der Franziskusweg auf Krk: Ein wunderschöner spiritueller Weitwanderweg, auf dem man in sechs Tagesetappen die Insel umrundet. Ausgangs- und Zielpunkt ist die Stadt Krk, namensgebend sind die vier Kloster-anlagen des Franziskanerordens auf der Insel (Krk, Ko-suljun, Porat und Glavotok).

Alle Details dazu unter www.franziskusweg-krk.com

Ein kurzer, aber dennoch außergewöhnlicher Wander-weg ist ‚Der Weg zum Mond‘ bei Baška. Er zählt zu den schönsten Wanderungen auf Krk. Mehr dazu im Artikel Baška.

Der Lungomare ist ein Wanderweg, der entlang der Küste zu vielen verträumten Buchten führt.

Für aktive Wanderer gibt es im inneren der Insel Wan-derwege mit höherem Schwierigkeitsgrad in unberühr-ter Natur.

Hier ein Link zur Routenplanung: http://www.kom-pass.de/touren-und-regionen/touren/ - oder erkundigen Sie sich bei einer der Touristeninfos.

Ein Buch von Christian Walter mit dem Titel ‚(Foto) Wanderungen auf der Insel Krk‘ beschreibt ebenfalls schöne Routen.

Freunde des Klettersports (Freeclimbing) kommen in der Umgebung von Baška auf Ihre Kosten. Dort gibt es drei Kletterrouten - Bunculuka, Belove Stene und Portafortuna. Infos finden Sie auf der Webseite von ‚Kletterdorf': https://www.kletterdorf.de/404

Angeln auf Krk

Sie benötigen in Kroatien eine Lizenz zum Fischen. Man bekommt eine Ein- oder Dreitageskarte zum Angeln vom Land aus oder zum Thun- oder Schwertfischangeln vom Boot aus bei allen Tourismus Agenturen (nicht zu verwechseln mit Touristeninfos!)

Fahrrad fahren auf Krk

Vor allem im Frühjahr und im Herbst, wenn noch nicht so viele Touristen auf der Insel sind, ist Krk ideal zum biken. Auf 100 Kilometern Fahrradwegen und über 400 Kilometern markierten Wanderwegen, die auch Mountainbiker nutzen können, lässt sich die Insel gut per Rad erkunden. Karten liegen überall aus.

> Doch beachten Sie, dass die Wege für Touren- und Stadträder oft nicht geeignet sind, denn nicht selten geht es über Stock und Stein!

Zwischen Malinska und Punat gibt es einen Radweg, der leider direkt neben der Hauptverkehrsroute verläuft. Beliebt bei Radlern ist auch das ‚Inselhüpfen‘ zwischen Festland, Krk und den Nachbarinseln.

Wer nicht sein eigenes Rad mitbringen möchte, kann Räder mieten. Dann empfehlen wir auf jeden Fall ein Mountainbike.

Touren mit dem Rad bietet der ‚Turm‘ an. Hier werden Sie fündig -

http://www.turm-krk.de/de/aktivitaeten/radfahren

Veranstaltungen

Es gibt eine Vielzahl an regionalen Festen, Ritterspielen, Fahrrad- oder Wandertreffen und Musikveranstaltungen, internationalen Regatten oder Schwimmwettbewerben auf Krk. Darunter zum Beispiel auch das Sommerfestival der Folklore und der ‚Begegnung der Sopilenspieler‘. Die Sopile ist ein uraltes, traditionelles Blasinstrument, das heute noch bei allen Festen auf der Insel zum Einsatz kommt. Bekannt sind auch die Bräuche während des Karnevals, Stomorina (zu Mariä Himmelfahrt) in Omišalj oder der Hirtenbrauch razgon in Vrbnik.

Am besten Sie erkundigen sich bei einer der Touristeninfos, welche Veranstaltungen und Wettbewerbe während Ihres Aufenthalts stattfinden.

Sämtliche Angaben in diesem Buch erfolgen unverbindlich und ohne Gewähr. Wir beziehen uns mit unseren Aussagen auf persönliche Erfahrungen, Recherchen im Internet und Auskünfte der Touristik-Informationen.

Die wichtigsten Vokabeln

Das kroatische Alphabet: a, b, c, ć, č, d, dž, đ, e, f, g, h,
i, j, k, l, lj, m, n, nj, o, p, r, s, š, t, u, v, z, ž
b, d, f, k, l, m, n, p, t, werden wie im Deutschen ausgesprochen.
a wie in hatte - e wie in Kette - i wie in biete
o wie in Hose - u wie in Mut
c wie tz in Katze - ć wie tch in Tütchen
č wie tsch in Tschechien
đ wie dsch in Dschungel
h wird immer kurz ausgesprochen
g wie in Lage - j wie in ja
lj wird zusammengesprochen, etwa wie in Pavillion
r wird gerollt, wie es die Franken so schön können
š wird scharf gesprochen, wie in Straße
s wie sch in schön - z wie weiches s
ž wie j in Jammer
v ähnlich wie W, wie in Vase

Begrüßung:
Herr   gospodin / Frau – gospodja
Guten Morgen - Dobro jutro / Guten Tag - Dobar dan
Guten Abend - Dobra večer / Gute Nacht - Laku noć
Hallo – Bog / Auf Wiedersehen - Dovidenja

Notfall:
Notdienste - Hitne službe
Notarzt - kola hitne pomoći
Polizei – policija / Polizeistation - policijska stanica
Arzt – lijecnik / Zahnarzt – zubar

Krankenhaus – bolnica – bolest
Medikament – lijek / Tablette – pilula
Salbe – mast / Thermometer – toplomjer

Richtung:
links – lijevo / rechts – desno / geradeaus – ravno

Einkaufen:
Kaufen – Kupovina / Preis – cijena
Lebensmittel -zivezne namirnice
Geschäft – trgovina / Apotheke – ljekarna
Metzgerei – mesnica / Bäckerei – pekarnica
Gemischtwarenladen - mjesovita roba
Fischgeschäft – ribarnica

Lebensmittel:
Getränke – pica / Wasser – voda / Milch – mlijeko
Zucker – šećer / Kaffee – kava / Tee – ćaj
Fisch – riba / Geflügel – perad / Ei – jaje
Salat – salata / Gemüse – povrće / Früchte – voće
Salz – sol / Gewürze – začini / Süßigkeiten – slatko
Brot – kruh

In der Gaststätte:
Offen – Otvoreno / Geschlossen – Zatvoreno
Bestellung – narudzba / Beschwerden – prigovori
Prost - Živio / Toilette - nužnik - WC
Kellner – konobar / Kellnerin – konobarica
Betrag – iznos / Rechnung – račun / bezahlen – platiti

Am Tisch:
Serviette – ubrus / Glas – čaša / Krug – vrc /
Löffel – žlica / Gabel – vilica / Messer – nož
Teller – tanjur

Unterkunft:
Schlüssel – ključ / Zimmer – soba
Zimmer buchen - rezervirati sobu
Balkon – balkon / Suite – apartman
Schlafzimmer - spavaća soba
Wohnzimmer - dnevna soba
Küche – kuhinja / Toilette – nužnik / Dusche – tuš
Zentralheizung - centralno grijanje
Bett – krevet / Kissen – jastuk / Decke – pokrivač
Kurtaxe - boravisna taksa
Zimmermädchen – sobarica

Baden:
Meer – more / am Strand - na plazi
Sandstrand - pjesčana plaza / Kieselstrand – šljunak
Felsen – stijene / Sonne – sunce / rudern – veslati
schwimmen – plivati / tauchen – roniti
Badeanzug - kupaći kostim / Handtuch – ručnik

Reisen:
Fahrkartenschalter – biljetarnica
Fahrkarte - vozna karta / Fahrpreis - cijena karte
Fahrplan - red vožnje / Verbindung – veza
Ankunft – dolazak / Abfahrt – polazak
Platz – sjediste / Koffer, Reisetasche - putna torba
Schiff – brod / Kabine – kabina

an Bord gehen - ukrcati se
von Bord gehen - iskrcati se
Deck – paluba / Boot – čamac / Fähre – trajekt
Küste – obala / Festland – kopno / Hafen – luka
Rettungsring - pojas za spasavanje

Auto:
Straße – cesta / Autobahn – autoput
Tankstelle - benzinska stanica / Benzin – gorivo
Motoröl - motorno ulje / Garage – garaža
verboten – zabranjeno

Geld und Bank:
Geld – novac / Bank – Banka
Wechselstube – Mjenjacnica / Wert – vrijednost
Bargeld – gotovina / Münze – kovanica
Währung – valuta / auszahlen – isplatiti

Postamt – posta:
Telefon – telefon / Anrufen – telefonirati
Brief – pismo / Postkarte – razglednica
Briefmarke – marka

Familie:
verheiratet – oženjen
Mann – muškarac / Frau – žena / Ehemann – suprug
Eltern – roditelji / Vater – otac / Mutter – majka
Kind – dijete / Sohn – sin / Tochter – kći
Mädchen – djevojka / Junge - mladić, dječak

Zahlen (brojevi):

0 – nula (nulla) / 1 – jedan (jedann) 2 – dva (dwa)
3 – tri (trri) / 4 – cetiri (tschetrri) / 5 – pet (peet)
6 – sest (schest) / 7 – sedam (seddam)
8 – osam (ossam) / 9 – devet (dewwet)
10 – deset (dessett) / 11 – jedanaest (jeddanajst)
12 – dvanaest (dwanajst) / 13 – trinaest (trinajst)
14 – Cetrnaest (tschetrnajst) / 15 – petnaest (pettnajst)
16 – sesnaest (schesnajst)
17 – sedamnaest (sedammnajst)
18 – osamnaest (ossamnajst)
19 – devetnaest (dewwettnajst)
20 – dvadeset (dwadesseet)
30 – trideset (tridesseet)
40 – cetrdeset (tschetrdeseet)
50 – pedeset (pedesseet)
60 – sezdeset (schestesseet)
70 – sedamdeset (seddammdesseet)
80 – osamdeset (ossamdesseet)
90 – devedesett (dewwetdesseet)
100 – sto (ssto)
101 - sto jedann (ssto – jedan) usw.
200 - dvije stotine (dwijesstottinne) usw.
1000 – tisuća (tissutscha)
Million wird ausgesprochen wie im Deutschen

Verlag by arp

Reiseführer aus unserem Verlag

Cres und Losinj
ISBN Buch: 978-3-946280-54-5
ISBN E-Book: 978-3-946280-53-8
ASIN: B07B8NRDL2

Kreuzfahrt Madeira & Kanaren
ISBN Buch: 978-3-946280-26-2
ISBN E-Book: 978-3-946280-34-7
ASIN: B01F3STFFE

Krk -
ISBN Buch: 978-3-946280-17-0
ISBN E-Book: 978-3-946280-12-5
ASIN: B017WDI53G

Sevilla -
ISBN Buch: 978-3-946280-22-4
ISBN E-Book: 978-3-946280-09-5
ASIN: B015WKTK8K

Amsterdam –
ISBN Buch: 978-3-946280-21-7
ISBN E-Book: 978-3-946280-04-0
ASIN: B015WKTX8W

Salzburg -
ISBN Buch: 978-3-946280-24-8
ISBN E-Book: 9783946280019
ASIN: B0158B5ZC

Kopenhagen -
ISBN Buch: 978-3-946280-25-5
ISBN E-Book: 978-3-946280-03-3
ASIN: B015D045U2

Avignon -
ISBN Buch: 978-3-946280-49-1
ISBN E-Book: 978-3-946280-48-4
ASIN: B074C61QS5

München –
ISBN Buch: 978-3-946280-28-6
ISBN E-Book: 978-3-946280-29-3
ASIN: B01NH9HJPM

Prag -
ISBN Buch: 978-3-946280-20-0
ISBN E-Book: 978-3-946280-08-8
ASIN: B015WKTUNU

Venedig -
ISBN Buch: 978-3-946280-19-4
ISBN E-Book: 978-3-946280-10-1
ASIN: B015WKU1I8

Nürnberg -
ISBN Buch: 978-3-946280-18-7
ISBN E-Book: 978-3-946280-00-2
ASIN: B015WKTUNU

Danzig -
Buch - ISBN: 978-3-946280-23-1
ISBN E-Book: 978-3-946280-06-4
ASIN: B015WKTRA6

Trier –
ISBN Buch: 978-3-946280-36-1
ISBN E-Book: 978-3-946280-35-4
ASIN: B01IDCGDES

Radreisen – Alles was Sie wissen müssen
ISBN Buch: 978-3-946280-62-0
ISBN E-Book: 978-3-946280-61-3
ASIN: B0848HM8WC

Weser – Elbe – Weser-Harz-Heide -
Drei Radfernwege zu einer Radreise zusammengefasst
Buch: 978-3-946280-67-5
E-Book ISBN: 978-3-946280-66-8 / ASIN : B08RYYVDRN

Der Innradweg auf zwei Rädern und vier Pfoten –
ein heiterer Erlebnisbericht mit vielen praktischen
Reisetipps für Mensch und Hund
ISBN E-Book: 978-3-946280-44-6 / ASIN: B01MS9LNHO

Ratgeber Lebenshilfe

Von Trennung, Tod und Trauer
ISBN Buch: 978-3-946280-32-3
ISBN E-Book: 978-3-946280-02-6 / ASIN: B015D045U2

Angst überwinden und stark sein
ISBN Buch: 978-3-946280-31-6
ISBN E-Book: 978-3-946280-05-7 / ASIN: B015WKTRYW

So finde ich mein Glück
ISBN Buch: 978-3-946280-30-9
ISBN E-Book: 978-3-946280-07-1 / ASIN: B015WKTWRY

'Lesefutter' aus unserem Verlag

Perle aus der Hundefabrik – Angeline Bauer
Acht berührende Hundegeschichten
ISBN E-Book: 978-3-946280-74-3
ISBN Buch: 978-3-946280-75-0 / ASIN: B0BKH23GK9

Oje, du fröhliche … - Friederike Costa
Vierzehn Weihnachtsgeschichten
ISBN E-Book: 978-3-946280-16-3 / ASIN: B018UJZF8E

Liebe süß und scharf – Friederike Costa
13 Kurzgeschichten mit Rezepten
ISBN E-Book: 9783946280422 / ASIN: B01N7K6FQN

Im Feuer der Liebe – Lina-Sophia Clement
Historischer Liebesroman
ISBN E-Book: 978-3-946280-52-1 / ASIN: B075CMT4X8

Die Liebe einer Königin – Lina-Sophia Clement
Acht historische Kurzromane
ISBN E-Book: 978-3-946280-55-2 / ASIN: B07CK7MSVT

Schokolade für die Liebe – Lina-Sophia Clement
Sieben historische Kurzromane
ISBN E-Book: 978-3-946280-56-9 / ASIN: B07F6XZ7KF

Tausend Sterne über der Wüste – Lina-Sophia Clement
Acht historische Kurzromane
ISBN E-Book: 978-3-946280-57-6 / ASIN: B07K6JDNNL

Die Tanztruppe vom dritten Stern rechts - Angeline Bauer
Jugendbuch – Ballett
ISBN Buch: 978-3-946280-73-6
ISBN E-Book: 978-3-946280-72-9 / ASIN: B0B8VSRR31

Können Igel fliegen?
Alles, was Kinder über Igel wissen wollen
Angeline Bauer
ISBN E-Book 978-3-946280-68-2
ISBN Buch 978-3-946280-69-9   / ASIN:B094NGBW6J

Und diverse Kurzkrimis von Ronda Hendrikus